suhrkamp taschenbuch 5207

W0220970

Ende des 18. Jahrhunderts ist Haiti eine der reichsten Kolonien der Welt geworden. Der Sklave Ti Noel arbeitet auf einer Hazienda, als plötzlich ein mysteriöses Gift auf den Farmen in der Gegend auftaucht und nicht nur die Tiere, sondern ganze Familien der Weißen ausrottet. Mit magischen Methoden können die Weißen von der Insel vertrieben werden. Doch die Situation bessert sich nicht. Der als Sklave geborene Koch Henri Christophe kommt an die Macht. Mit ihm beginnt eine neue Zeit, geprägt von großer Brutalität. Ti Noel, der mittlerweile zwölf Kinder hat und sehr alt geworden ist, kommt ins Gefängnis und muss Zwangsarbeit für seinen schwarzen König leisten.
Im Laufe seines langen Lebens wird Ti Noel von weißen und schwarzen Herren misshandelt. Er gibt die Hoffnung auf wahre Freiheit nicht auf, erlebt blutige Revolutionen, manische Herrscher mit falschen Visionen von Macht und die mysteriöse Kraft des Voodoo. Ausgehend von den historischen Ereignissen schildert der Kosmopolit Alejo Carpentier facettenreich das »wunderbar Wirkliche«.

Alejo Carpentier wurde 1904 in Havanna geboren. Nach der Beteiligung an einem Aufstand gegen den Diktator Machado floh er in den zwanziger Jahren nach Paris, wo er mit den Surrealisten in Kontakt kam. 1939 kehrte er nach Havanna zurück und lehrte Musikgeschichte. Seit 1966 war er als Kulturattaché der kubanischen Botschaft wiederum in Paris, wo er 1980 starb.

Alejo Carpentier
Das Reich von dieser Welt

Roman

Aus dem Spanischen von
Doris Deinhard

Suhrkamp

Die Originalausgabe erschien 1949 unter dem Titel *El reino de este mundo* bei Edición y Distribución Iberoamericana de Publicaciones, Mexiko.

Erste Auflage 2021
suhrkamp taschenbuch 5207
© der deutschen Übersetzung Suhrkamp Verlag
Frankfurt am Main 2004
© Alejo Carpentier 1949, and Fundación Alejo Carpentier, 2018.
Suhrkamp Taschenbuch Verlag
Alle Rechte vorbehalten, insbesondere das des öffentlichen Vortrags sowie der Übertragung durch Rundfunk und Fernsehen, auch einzelner Teile.
Kein Teil des Werkes darf in irgendeiner Form (durch Fotografie, Mikrofilm oder andere Verfahren) ohne schriftliche Genehmigung des Verlages reproduziert oder unter Verwendung elektronischer Systeme verarbeitet, vervielfältigt oder verbreitet werden.
Satz: Satz-Offizin Hümmer GmbH, Waldbüttelbrunn
Umschlag: Brian Barth, Berlin
Printed in Germany
ISBN 978-3-518-47207-1

Das Reich von dieser Welt

I

Teufel Erlaubnis einzutreten heisch ich ...
Vorsehung Wer da?
Teufel Des Abendlandes König.
Vorsehung Tritt ein, wohl kenn ich dich, Verfluchter.
(Teufel tritt ein)
Teufel Gebenedeites Tribunal,
Vorsehung du, die ewig waltet,
Wohin willst du Columbus senden,
Um meine Greuel zu vermehren?
Weißt du denn nicht, daß lange schon
Ich dort Besitz und Herrschaft habe?

Lope de Vega

I *Die Wachsköpfe*

Unter den zwanzig Hengsten, die der Schiffskapitän nach Cap Français gebracht hatte – er steckte mit einem normannischen Züchter unter einer Decke –, hatte Ti Noel, ohne zu zögern, den zuverlässigen Zuchthengst mit der runden Kruppe gewählt; der würde gut dafür sein, Stuten aufzubessern, die jedesmal kleinere Fohlen warfen. Monsieur Lenormand de Mézy, der wohl wußte, daß der Sklave in allem, was Pferde anging, erfahren war, hatte ohne Bedenken mit klingenden Louis d'Or gezahlt. Nachdem Ti Noel für den Hengst ein Kopfgestell aus Stricken angefertigt hatte, freute er sich an dem breiten Rücken des gefleckten kräftigen Tieres, an seinen Schenkeln spürte er, wie seifiger Schweiß es überzog, der sich auf der dichten Behaarung des Percheronpferdes bald in einen sauren Schaum verwandeln würde. Hinter seinem Herrn, der einen leichtfüßigeren Fuchs ritt, hatte er das Hafenviertel durchquert, mit den nach Pökelbrühe riechenden Lagerhäusern, dem von der Feuchtigkeit steif gewordenen Segeltuch und dem Schiffszwieback, der mit der Faust zerschlagen werden mußte. Sie kamen auf die Hauptstraße, die zu dieser frühen Stunde ganz bunt war von den lebhaft karierten Tüchern der schwarzen Köchinnen, die vom Markt heimkehrten. Die vorüberfahrende Karosse des Gouverneurs, über und über mit vergoldeten Rocaillen verziert, veranlaßte Monsieur Lenormand de Mézy zu einem weitausholenden Gruß. Dann banden der Farmer und sein Sklave ihre Reittiere gegenüber dem Laden des Friseurs an, der die ›Leydener Gazette‹ zur Erbauung seiner gebildeten Kunden hielt.

Während sein Herr sich rasieren ließ, konnte Ti Noel nach Herzenslust die vier Wachsköpfe betrachten, die das Gestell im Eingang schmückten. Die ondulierten Perücken umrahmten unbewegliche Mienen, und die herabfallenden Locken stauten sich auf dem Gestellbrett, über dessen roten Bezug sie sich ausbreiteten. Diese Gesichter – so tot mit ihren starren Augen – schienen doch so lebendig wie der sprechende Kopf, den ein durchreisender Quacksalber vor Jahren nach Cap Français mitgebracht hatte und der ihm beim Verkauf eines Elixiers gegen Zahnschmerzen und Rheumatismus helfen sollte. Komischerweise hatte zufällig der Kaldaunenladen nebenan abgehäutete Kalbsköpfe, mit einem Stengel Petersilie auf der Zunge, ausgestellt, die ebenso wächsern aussahen – wie eingeschlafen mitten zwischen scharlachroten Schwänzen, gesülzten Pfoten und den Topfen, die Kaldaunen enthielten, wie man sie in Caen zubereitete. Nur eine Holzwand trennte die beiden Ladentische, und Ti Noel stellte es sich sehr lustig vor, wenn neben den bleichen Kalbsköpfen auch die Köpfe von weißen Herren bei Tisch serviert würden. Wie man das Geflügel mit seinen Federn schmückt, um es den Gästen bei einem Festessen vorzusetzen, hätte auch ein geschickter und ein bißchen kannibalischer Koch die Köpfe mit ihren aufs schönste frisierten Perücken bekleidet. Es fehlte ihnen nichts weiter als eine Bordüre aus Salatblättern oder Radieschen, in der Form bourbonischer Lilien aufgeschnitten. Im übrigen ergänzten sich die Dosen mit Gummiarabikum, die Flakons mit Lavendelwasser und die Schachteln mit Reispuder, in Nachbarschaft mit den Kasserollen voll Kaldaunen und den Brettern mit Nieren, in diesem seltsamen Beieinander von Gefäßen und Behältern, zu dem Bild eines abscheulichen Gastmahls. Überhaupt gab es eine Unmenge Köpfe an diesem Morgen. Der Buchhändler neben dem Kaldaunenladen hatte an einem Draht mit Wäscheklammern die letzten Bilder aus Paris aufgehängt. Mindestens auf vieren war das Gesicht des Königs von Frankreich zu sehen, umrahmt von Sonnen, Schwertern und Lorbeer. Aber es gab da noch viele andere Köpfe mit Perücken, wahrscheinlich von hohen Herrschaften des Hofes. Die Krieger erkannte man an ihrer angriffslustigen Haltung, die Magistratspersonen an ihren furchteinflößenden Mienen, die Männer des Geistes daran, daß sie über zwei gekreuzte Schreibfedern hinweg lächelten, unter denen Verse zu lesen waren, die aber Ti Noel nichts sagten, denn die Sklaven verstanden nichts von Literatur. Es gab auch farbige Stiche, weniger steif und feierlich, auf denen man Feuerwerk sah, Ballette, in denen Ärzte, mit großen Spritzen bewaffnet, tanzten, ein Blindekuh-Spiel in einem Park, junge Lüstlinge, die ihre Hand in das Dekollete einer Kammerzofe tauchten oder die unvermeidliche Schlauheit des Liebhabers, der, auf dem Rasen zurückgelehnt, entzückt den Durchblick auf die intimen Reize der Dame entdeckt, die sich in aller Unschuld auf einer Schaukel wiegt. Aber Ti Noel wurde in diesem Augenblick von einem Kupferstich angezogen, dem letzten der Reihe, der sich von den anderen im Sujet und in der Art der Ausführung unterschied. Er stellte so etwas wie einen französischen Admiral oder Gesandten dar, der von einem Neger empfangen wurde, welcher, von Federfächern umgeben, auf einem mit Affen- und Eidechsengestalten verzierten Thron saß.

»Was sind das für Leute?« getraute er sich den Buchhändler zu fragen, der sich gerade eine lange Tonpfeife auf der Schwelle seines Ladens anzündete.

»Das ist ein König in deiner Heimat.«

Diese Bestätigung dessen, was er sich schon dachte, wäre kaum nötig gewesen, denn dem jungen Sklaven waren gleich die Geschichten eingefallen, die Mackandal immer in der Zuckermühle herleierte, während der älteste Gaul der Hazienda Lenormands de Mézy im Kreise lief, um die Zylinder zu drehen. Mit geheuchelt müder Stimme, um gewisse Schlußeffekte besser vorzubereiten, pflegte der Mandinga von Ereignissen zu berichten, die sich in den großen Reichen des Popo, des Arada, der Nagós, der Fulas zugetragen hatten. Er sprach von weiten Völkerwanderungen, von jahrhundertelangen Kriegen, von wunderbaren Schlachten, bei denen die Tiere den Menschen geholfen hatten. Er kannte die Geschichten von Adonhueso, dem König von Angola, vom König Dá, der Verkörperung der Schlange, des ewigen, nie endenden Prinzips, der sich auf geheimnisvolle Weise mit einer Königin paarte, die der Regenbogen war, Herrin des Wassers und jeglicher Geburt. Aber vor allem erging sich Mackandal weitschweifig über den Heldengesang von Kankan Muza, dem grausamen Muza, dem Gründer des unbesiegbaren Reiches der Mandingas, deren mit Silbermünzen und gestickten Schabracken geschmückte Rosse mit ihrem lauten Wiehern sogar den Waffenlärm übertönten und den Donner auf dem Fell zweier vom Widerrist herabhängenden Trommeln mit sich führten. Jene Könige griffen mit der Lanze den Feind an der Spitze ihrer Horden an. Sie waren durch die Kunst der ›Vorbereiter‹ unverwundbar gemacht und fielen nur, wenn sie in irgendeiner Weise die Gottheiten des Blitzes oder des Eisens beleidigt hatten. Das waren Könige, wirkliche Könige, nicht so wie diese ›Souveräne‹ hier, die andrer Leute Haar auf dem Kopf hatten, die Ball spielten und auf den Bühnen ihrer Hoftheater Götter nur *markieren* konnten, indem sie ihre weibischen Beine im Takt einer Quadrille zur Schau stellten. Diese weißen Herrscher hörten lieber das Gefiedel ihrer Musikanten, die schlechten Verse der Schmähschriften, den Klatsch ihrer Geliebten und den Gesang ihrer mechanischen, aufziehbaren Vögel als das Dröhnen der Kanonen, die sich auf die Schiffsschnäbel des türkischen Halbmondes richteten. Obwohl Ti Noel geistig nicht sehr aufgeweckt war, hatte ihm doch Mackandal aus seinem tiefen Wissen diese Wahrheiten beigebracht. In Afrika war der König Krieger, Jäger, Richter und Priester; sein kostbarer Same vermehrte in Hunderten von Schößen das kräftige Geschlecht der Helden. In Frankreich, in Spanien jedoch schickte der König seine Generäle in den Kampf; er war nicht befugt, einen Rechtsstreit zu entscheiden; er ließ sich von irgendeinem Mönch, seinem Beichtvater, ausschelten, und was die Kraft seiner Lenden betraf, so genügte sie gerade, um einen schwächlichen Prinzen zu zeugen, der nicht imstande war, ein Wild ohne die Hilfe seiner Jäger zu erledigen, und dem man, mit unbewußter Ironie, den Namen eines harmlosen und unbedeutenden Fisches gab: des Delphins. Dort hinten dagegen – in dem großen Jenseits – gab es Fürsten, wie ein Amboß so hart, und Fürsten, die Leoparden waren, und Fürsten, die die Sprache der Bäume kannten, und Fürsten, die über die vier Himmelsrichtungen herrschten, Gebieter der Wolken, des Samens, der Bronze und des Feuers.

Ti Noel hörte die Stimme seines Herrn, der mit zu stark gepuderten Backen vom Barbier kam. Sein Gesicht ähnelte jetzt überraschend den vier Gesichtern aus trübem Wachs, die, dumm lächelnd, auf dem Gestell aufgereiht waren. Im Vorbeigehen kaufte Monsieur Lenormand de Mézy in dem Kaldaunenladen einen Kalbskopf und übergab ihn dem Sklaven. Auf dem Hengst sitzend, der ungeduldig war, auf die Weide zu kommen, betastete Ti Noel den weißen kalten Schädel und dachte, daß er sich vermutlich genauso anfühlte wie die Glatze, die sein Herr unter der Perücke verbarg. Inzwischen hatte sich die Straße mit Leuten gefüllt. Die vom Markt heimkehrenden Negerinnen waren nun von Damen abgelöst worden, die aus der Zehnuhrmesse kamen. Manche Quarteronin, die Geliebte irgendeines reichgewordenen Beamten, ließ sich von einer Zofe begleiten, die, ebenso blaß wie sie, in den Händen Palmblattfächer, Gebetbuch und einen Sonnenschirm mit goldenen Troddeln trug. An einer Straßenecke ließ ein Schausteller Marionetten tanzen. Weiter vorn bot ein Matrose den Damen ein brasilianisches Äffchen an, das nach spanischer Mode gekleidet war. In den Tavernen wurden Weinflaschen entkorkt, die in Fässern voll Salz und nassem Sand kühl gehalten wurden. Der Abbé Corneille, der Pfarrer von Limonade, war soeben, auf einem eselfarbenen Maultier reitend, bei der Hauptpfarrkirche eingetroffen.

Monsieur Lenormand de Mézy und sein Sklave verließen die Stadt auf dem Wege längs des Meeresufers. Von der Höhe der Festung dröhnten Kanonenschüsse. Die ›Courageuse‹ von der Flotte des Königs war, auf der Rückkehr von der Schildkröteninsel, gerade am Horizont aufgetaucht. An ihren Bordwänden zeichneten sich die weißen Raumwolken der antwortenden Salven ab. Überwältigt von den Erinnerungen an seine Zeiten als armer Offizier, begann der Herr einen Querflötenmarsch zu pfeifen. Ti Noel trällerte im Geist als Kontrapunkt ein von den Böttchern am Hafen viel gesungenes Matrosenliedchen vor sich hin, in dem der König von England mit Kot beworfen wurde. Das wenigstens wußte er genau, obwohl der Text nicht kreolisch war, und deshalb kannte er ihn auch. Übrigens bedeutete ihm der König von England so wenig wie der von Frankreich oder der von Spanien, der auf der anderen Hälfte der Insel regierte und dessen Frauen, wie Mackandal behauptete, sich die Wangen mit Ochsenblut schminkten und die Infantenembryos in einem Kloster begruben, dessen Keller voller Skelette steckten; der wahre Himmel hatte sie zurückgewiesen, weil man dort keine Toten wollte, welche die wahren Götter nicht kannten.

II *Die Amputation*

Ti Noel hatte sich auf eine umgestülpte Wanne gesetzt und überließ es dem alten Gaul, die Zuckermühle kreisen zu lassen, da die Gewohnheit seinen Gang ruhig und gleichmäßig gemacht hatte. Mackandal faßte die Rohre in Bündel zusammen und schob sie mit einem heftigen Stoß zwischen die Eisenzylinder. Mit seinen immer blutunterlaufenen Augen, seinem mächtigen Oberkörper und der sehr schmalen Taille übte der Mandinga einen seltsamen Zauber auf Ti Noel aus. Er hatte den Ruf, daß er mit seiner tiefen, dumpfen Stimme bei den Negerinnen alles erreichen könne und daß seine Erzählerkünste, wenn er die Personen mit furchterregenden Grimassen charakterisierte, die Männer verstummen ließen, besonders wenn er eine Reise heraufbeschwor, die er vor Jahren als Gefangener gemacht hatte, ehe er an die Sklavenhändler von Sierra Leone verkauft wurde. Wenn der junge Mann ihm zuhörte, begriff er, daß Cap Français mit seinen Kirchtürmen, seinen steinernen Gebäuden und den normannischen Häusern mit ihren langen, gedeckten Balkonen recht wenig vorstellte, verglichen mit den Städten von Guinea. Dort gab es Kuppeln aus rotem Ton, die große, zinnengesäumte Festungen überwölbten, Märkte, deren Ruhm sich bis jenseits der Wüstengrenzen erstreckte, jenseits der Völker ohne Land. In diesen Städten waren die Handwerker geschickt im Schmelzen der Metalle, sie schmiedeten Schwerter, schneidend scharf wie Messerklingen, die in der Hand des Käufers nicht mehr Gewicht hatten als eine Vogelschwinge. Wasserreiche Flüsse, deren Quellen am Himmel entsprangen, bespülten die Füße der Menschen, und es war nicht nötig, das Salz aus dem Salzland herzuholen. In sehr großen Häusern wurden Korn, Sesam und Hirse gespeichert, und von Reich zu Reich wurde getauscht, es kamen sogar Olivenöl und Weine aus Andalusien. Unter Palmblattdächern schliefen riesenhafte Trommeln, Trommel-Mütter mit rot angemalten Füßen und Menschengesichtern. Der Regen gehorchte den Beschwörungen der Zauberer, und auf den Festen der Beschneidung, wenn die jungen Männer mit blutgelackten Schenkeln tanzten, wurde auf klingende breite Steine geschlagen, die eine Musik hervorbrachten wie von großen gebändigten Wasserfällen. In der heiligen Stadt Widah wurde die Kobraschlange verehrt, die mystische Verkörperung des ewigen Kreises, ebenso die Götter, die das Pflanzenreich regierten und oft feuchtglänzend in dem Binsengebüsch erschienen, das an den Ufern der Salzseen das Plätschern des Wassers dämpfte.

Vollkommen erschöpft fiel das Pferd auf die Knie. Und jetzt war ein so langes, herzzerreißendes Heulen zu hören, daß es über die benachbarten Farmen flog und die Tauben aufstörte. Plötzlich hatten sich die Zylinder mit einer unerwarteten Schnelligkeit gedreht, und zusammen mit dem Zuckerrohr war Mackandals linke Hand erfaßt worden und hatte den Arm bis zur Schulter mit sich gerissen. Auf dem Becken mit Zuckerrohrsaft dehnte sich ein Blutauge aus. Ti Noel nahm ein Messer und schnitt die Riemen durch, die das Pferd an den Drehbaum der Mühle banden. Die Sklaven aus der Gerberei stürzten hinter dem Herrn her in die Mühle. Auch die Arbeiter aus der Räucherkammer und von dem Kakaotrockenplatz. Jetzt zog Mackandal an seinem zerquetschten Arm und drehte die Zylinder in entgegengesetzter Richtung. Mit seiner rechten Hand versuchte er Ellbogen und Handgelenk, die ihm nicht mehr gehorchten, zu bewegen. Mit blödem Blick stand er da und schien nicht zu verstehen, was ihm zugestoßen war. Man begann ihm eine Aderpresse aus Stricken in der Achselhöhle anzulegen, um die Blutungen aufzuhalten, und der Herr befahl, den Schleifstein zu holen, um das Buschmesser zu schärfen, das zur Amputation dienen sollte.

III *Was die Hand entdeckte*

Da Mackandal nun nicht mehr zu schwereren Arbeiten taugte, wurde er dazu bestimmt, das Vieh zu hüten. Vor Morgengrauen ließ er die Kühe aus dem Stall und führte sie zu den Bergen, auf deren schattigen Hängen dichtes Weidegras wuchs, das den Tau bis weit in den Morgen hinein festhielt. Er beobachtete, wie die weidenden Tiere, bis zum Leib im dichten Klee, sich langsam verstreuten, und dabei erwachte in ihm ein absonderliches Interesse für die Existenz gewisser, immer mißachteter Pflanzen. Ausgestreckt im Schatten eines Johannisbrotbaumes, auf den Ellbogen seines heilen Armes gestützt, wühlte er mit seiner einzigen Hand unter den bekannten Kräutern auf der Suche nach allen den Kreaturen der Erde, die er bis dahin übersehen hatte. Voller Überraschung entdeckte er das heimliche Leben merkwürdiger Pflanzenarten, die, dicht am Boden wachsend, sich gern verschleiern, gern täuschen, Beschützerinnen des kleinen gepanzerten Völkchens, das den Ameisenwegen auswich. Die Hand fand Vogelfutter ohne Namen, schwefelige Kapern, winziges Pfefferkraut; Schlingpflanzen, die Netze zwischen den Steinen webten; einzelnstehende Stauden mit behaarten Blättern, die nachts schwitzten; Mimosen, die sich beim bloßen Klang der menschlichen Stimme zusammenzogen; Kapseln, die in der Mittagsstunde mit einem leisen Knall platzten wie ein Floh, den man mit dem Fingernagel zerdrückt; kriechende Lianen, die sich unter dem Blätterdach der Bäume zu geiferndem Gestrüpp verflochten. Es gab eine Winde, die Brennen und Jucken hervorrief, und eine andere, die den Kopf anschwellen ließ, wenn einer in ihrem Schatten ruhte. Aber jetzt interessierte sich Mackandal noch mehr für Pilze. Für Pilze, die nach Holzwurm, nach Giftphiolen, nach Keller, nach Krankheit rochen, mit langen Ohren, Kuhzungen, runzligem Fleisch; sie bedeckten sich mit Schweiß oder öffneten ihre getigerten Schirme in kalten Höhlen, den Wohnstätten von Kröten, die mit unbeweglichen Augen glotzten oder schliefen. Der Mandinga zerrieb das Fleisch eines Pilzes zwischen den Fingern, die danach giftig rochen. Dann ließ er seine Hand von einer Kuh beschnüffeln. Als das Tier mit erschrockenen Augen schnaufend den Kopf abwandte, machte sich Mackandal auf die Suche nach weiteren Pilzen der gleichen Art und verwahrte sie in einem Beutel aus ungegerbtem Leder, den er um den Hals trug.

Unter dem Vorwand, die Pferde in die Schwemme zu führen, entfernte Ti Noel sich oft stundenlang von der Farm, um sich mit dem Einarmigen zu treffen. Beide wanderten dann bis an die Grenze des Tals, wo der Boden unwegsam wurde und tiefe Höhlen die Berghänge durchzogen. Sie rasteten im Hause einer Alten, die allein lebte, aber den Besuch von aus der Ferne kommenden Leuten empfing. Mehrere Säbel hingen an der Wand zwischen roten Fahnen mit schweren Stangen, Hufeisen, Meteoriten und Drahtschleifen, die verrostete Löffel hielten, kreuzweise angeordnet, um den Baron Samedi, den Baron Piquant, den Baron La Croix und andere Friedhofsbeherrscher zu verscheuchen. Mackandal zeigte der Maman Loi die Blätter, die Gräser, die Pilze, die Heilkräuter aus seinem Beutel. Sie untersuchte sie sorgfältig, drückte und roch an einigen, warf andere fort. Zuweilen wurde von erlauchten Tieren geredet, die menschliche Nachkommenschaft gehabt hätten. Und auch von Menschen, denen gewisse Zaubersprüche die Kräfte verliehen hatten, sich in Werwölfe zu verwandeln. Man wußte von Frauen, die von großen Raubtieren vergewaltigt worden waren und deren Sprache nachts zu Gebrüll wurde. Eines Tages, als man mitten im schönsten Erzählen war, verstummte Maman Loi auf merkwürdige Art. Einem geheimnisvollen Befehl gehorchend, lief sie in die Küche und tauchte die Arme in einen Kessel voll siedendem Öl. Ti Noel stellte fest, daß ihr Gesicht unbewegt und gleichmütig blieb und, was das Sonderbarste war, daß ihre Arme weder Blasen noch Brandspuren aufwiesen, als sie sie aus dem Öl herausnahm, trotz des entsetzlichen Brutzelns, das man kurz vorher gehört hatte. Da Mackandal diese Tatsache mit der größten Ruhe aufzunehmen schien, bemühte sich Ti Noel, sein Staunen zu verbergen. Und das Gespräch zwischen dem Mandinga und der Hexe ging friedlich weiter, unterbrochen von großen Pausen, in denen sie ins Weite starrten.

Eines Tages fingen sie einen hitzigen Hund, der zu den Meuten von Lenormand de Mézy gehörte. Während Ti Noel, rittlings auf ihm sitzend, seinen Kopf an den Ohren festhielt, rieb Mackandal seine Schnauze mit einem Stein, den der Saft eines Pilzes hellgelb gefärbt hatte. Die Muskeln des Hundes zogen sich zusammen. Sein Körper wurde sofort von heftigen Zuckungen geschüttelt, er fiel auf den Rücken mit steifen Pfoten und entblößten Fangzähnen. An diesem Nachmittag, als sie zur Farm zurückkehrten, hielt sich Mackandal lange dabei auf, die Zuckermühlen, die Trockenplätze für Kakao und Kaffee, die Indigoküperei, die Schmieden, Zisternen und Räucherkammern zu betrachten.

»Der Augenblick ist da«, sagte er.

Am nächsten Tag wurde vergeblich nach ihm gerufen. Der Herr veranstaltete eine Razzia, nur aus erzieherischen Gründen für das Negervolk, ohne allzu große Anstrengungen. Ein Sklave, dem ein Arm fehlte, war nicht viel wert. Zudem war es sattsam bekannt, daß in jedem Mandinga ein potentieller Aufrührer steckte. Mandinga war gleichbedeutend mit ›widerspenstig, aufsässig, Teufel‹. Daher standen auch die Angehörigen dieses Stammes auf den Negermärkten so niedrig im Kurs. Alle träumten von dem Sprung in die Berge. Außerdem würde der Einarmige, in Anbetracht der vielen Besitzungen ringsum, nicht weit kommen. Sobald er zur Farm zurückgebracht war, würde er als abschreckendes Beispiel vor den Augen seiner Mitsklaven hingerichtet werden. Aber ein Einarmiger war eben nur ein Einarmiger. Es wäre töricht gewesen, sich dem Verlust von ein paar Rassehunden auszusetzen, im Falle, daß Mackandal versuchen sollte, sie mit einer Machete zum Schweigen zu bringen.

IV *Das Register im Kontobuch*

Ti Noel war tief bekümmert über Mackandals Verschwinden. Wenn man ihn zur Flucht aufgefordert hätte, dann hätte er mit tausend Freuden den Auftrag angenommen, dem Mandinga zu dienen. Jetzt dachte er, der Einarmige habe zu wenig von ihm gehalten, um ihn an seinen Plänen teilhaben zu lassen. Während der langen Nächte, in denen der junge Mann unter diesen Gedanken litt, erhob er sich von der Krippe, auf der er schlief, und umarmte weinend den Hals des normannischen Zuchthengstes, das Gesicht in die lange Mähne hineinwühlend, die nach gebadetem Pferd roch. Mit

Mackandal war auch die ganze durch seine Erzählungen heraufbeschworene Welt verschwunden. Mit ihm waren Kankan Muza, Adonhueso, die wahren Könige, und der Regenbogen von Widah dahingegangen. Das Salz des Lebens war verloren, und Ti Noel langweilte sich während der sonntäglichen Ruhe und lebte nur mit seinen Tieren, deren Ohren und Schnauzen er immer sauber hielt und frei von Zecken. Und so verging die Regenzeit.

Eines Tages, als die Flüsse wieder in ihr Bett zurückgekehrt waren, traf Ti Noel in der Nähe der Stadt die Alte vom Berge. Sie brachte ihm eine Botschaft von Mackandal. Daraufhin drang der Junge im Morgengrauen in eine enge Tropfsteinhöhle ein; sie führte zu einer noch tieferen Höhlung hinab, deren Gewölbe mit herabhängenden Fledermäusen ausgepolstert war. Der Boden war mit einer dicken Schicht Guano überzogen, in der Gerätschaften aus Stein und versteinerte Fischgräten steckten. Ti Noel nahm im Halbdunkel wahr, daß in der Mitte mehrere Tonkrüge standen, deren schwerer und scharfer Geruch die feuchte Luft erfüllte. Auf Käsescheiben häuften sich Eidechsenhäute. Eine große Steinplatte und verschiedene glatte, runde Steine waren offenbar erst kürzlich zum Zerkleinern benutzt worden. Auf einem Baumstamm, der in seiner ganzen Länge mit einem Messer geglättet war, lag ein dem Zahlmeister der Farm gestohlenes Kontobuch, in dem sich dicke, mit Kohle gemalte Zeichen aneinanderreihten. Ti Noel mußte an die Kräuterläden in Cap Français denken, mit ihren großen Mörsern, ihren Rezeptbüchern auf Lesepulten, ihren Gefäßen mit Brechnuß und Teufelsdreck, ihren Bündeln von Eibischwurzeln, die das Zahnfleisch heilen. Es fehlten nur noch Skorpione in Spiritus, die Rosen in Öl und das Aquarium mit den Blutegeln.

Mackandal war abgemagert. Seine Muskeln bewegten sich jetzt unmittelbar auf den Knochen und modellierten seinen Oberkörper in mächtigem Relief. Aber sein Antlitz, mit olivfarbenen Reflexen im Schein des Öllämpchens, drückte ruhige Heiterkeit aus. Um seine Stirn war ein rotes, perlenbesticktes Tuch gewunden. Am meisten staunte Ti Noel, als er von der langen, geduldigen Arbeit hörte, die der Mandinga seit der Nacht seiner Flucht ausgeführt hatte. Er erfuhr, daß Mackandal die Farmen in der Ebene, eine nach der anderen, besucht hatte und mit allen, die darauf arbeiteten, in unmittelbare Verbindung getreten war. Er wußte zum Beispiel, daß er auf der Indigofarm im Dondon mit dem Gärtner Olain rechnen konnte, mit Romaine, der Köchin in den großen Baracken, mit dem einäugigen Jean-Pierrot. Zur Farm von Lenormand de Mézy hatte er Botschaften an die drei Brüder Pongué gesandt, an die neueingetroffenen Kongoneger, an den X-beinigen Fula und an Marinette, die Mulattin, die früher in dem Bett des Gebieters geschlafen hatte, bis sie dann zur großen Wäscherei zurückgeschickt wurde, als eine Mademoiselle de la Martinière eintraf, die vor ihrer Einschiffung nach der Kolonie in einem Kloster in Le Havre mit Lenormand durch Vollmacht vermählt worden war. Mackandal hatte sich auch mit den beiden Sklaven aus Angola von jenseits des Bonnet de l'Evêque, des Bischofsmützenberges, in Verbindung gesetzt, deren zebragestreifte Hinterbacken noch die Spuren des rotglühenden Eisens zeigten, der Strafe für einen Branntweindiebstahl. Mit Lettern, die nur er selbst entziffern konnte, hatte Mackandal in seinem Register den Namen des Zauberers in Millot vermerkt und sogar die von gewissen Saumtierführern, die nützlich sein würden, wenn man den Gebirgszug überschritt und mit den Leuten in Artibonite Verbindung aufnehmen wollte.

Ti Noel wußte jetzt, was der Einarmige von ihm erwartete. Am Sonntag, als der Herr aus der Messe heimkam, erfuhr er, daß die beiden besten Milchkühe der Farm – die weißscheckigen aus Rouen – auf ihrem Mist in den letzten Zügen lagen, während Galle aus ihrem Maul troff. Ti Noel erklärte ihm, daß die Tiere aus fernen Ländern sich manchmal in ihrem Weidefutter irrten und gewisse Schößlinge, die ihnen das Blut vergifteten, für schmackhafte Halme hielten.

V *De Profundis*

Das Gift kroch durch die Ebene des Nordens und drang in Pferde- und Kuhställe. Man wußte nicht, wie es sich zwischen Quecken und Klee mischte, wie es in die Futterballen geriet, wie es in die Krippen stieg. Tatsache war, daß Kühe, Ochsen, Jungtiere, Pferde, Schafe zu Hunderten krepierten und die ganze Gegend mit einem nie endenden Aasgestank erfüllten. In der Dämmerung wurden große Scheiterhaufen entzündet, deren schwelendes Feuer übelriechenden Rauch aussandte, ehe er über Haufen von schwarzen Knochen, verkohlten Rippen, von den Flammen gerösteten Klauen erlosch. Die erfahrensten Pflanzenkenner des Caps suchten vergeblich nach dem Blatt, dem Harz, dem Saft, der möglichen Ursache dieser Geißel. Nach wie vor stürzten die Tiere zu Boden, mit geschwollenen

Bäuchen, eingehüllt in das Summen grüner Fliegen. Die Dächer waren mit großen schwarzen, kahlköpfigen Vögeln bevölkert, die ihre Stunde erwarteten, um herabzustoßen und das allzu gespannte Fell mit einem Schnabelhieb aufzureißen und so die Fäulnis weiterzuverbreiten.

Bald erfuhr man mit Schrecken, daß das Gift in die Häuser eingedrungen war. Eines Nachmittags, als der Besitzer der Farm von Coq-Chante ein Gebäck zum Munde führte, war er plötzlich, ohne vorher Beschwerden gehabt zu haben, umgefallen und hatte eine Wanduhr mit sich gerissen, die er eben aufziehen wollte. Ehe diese Nachricht auf die benachbarten Güter gelangen konnte, waren andere Besitzer durch das Gift zu Boden geschlagen worden, das, wie geduckt, um besser springen zu können, in den Gläsern auf den Marmortischen, in den Suppenschüsseln, in den Medizinflaschen, in Brot, Wein, Früchten und Salz lauerte. Stündlich hörte man die unheimlichen Hammerschläge auf den Sargdeckeln. An jeder Straßenecke tauchte ein Leichenzug auf. In den Kirchen von Cap Français wurden nur noch Totenmessen gehalten, und die Letzte Ölung kam immer zu spät, begleitet von fernen Glocken, die neue Todesfälle verkündeten. Die Geistlichen hatten ihre Fürbitten kürzen müssen, um allen trauernden Familien gerecht zu werden. Überall in der Ebene klang düster das gleiche Totengebet, die große Hymne des Grauens. Das Grauen ließ die Gesichter abmagern und preßte die Kehlen zusammen. Im Schatten der silbernen Kreuze, die auf den Wegen hin und her wandelten, schlängelte sich nach wie vor das grüne Gift oder das gelbe Gift oder das farblose Gift für das Trinkwasser, es glitt hinab durch die Küchenschornsteine, sickerte durch die Ritzen geschlossener Türen, wie eine unaufhaltsame Schlingpflanze, die den Schatten suchte, um aus Körpern Schatten zu machen. Stunde um Stunde setzte sich, vom ›Miserere‹ bis zum ›De Profundis‹, die unheilverkündende Antiphone der Vorsänger fort.

Vor Angst außer sich, vom Wein betrunken, da sie nicht mehr wagten, das Wasser der Brunnen zu kosten, peitschten und peinigten die Farmer ihre Sklaven auf der Suche nach einer Erklärung. Aber das Gift fuhr fort, die Familien zu dezimieren, und räumte unter Menschen und Tieren auf, ohne daß gemeinsame Kirchengebete, ärztliche Ratschläge, Gelübde an die Heiligen noch die unwirksamen Zaubersprüche eines bretonischen Matrosen, Schwarzkünstlers und Quacksalbers vermocht hätten, den Marsch des Todes in die Tiefe der Erde aufzuhalten. In unfreiwilliger Eile, das letzte verfügbare Grab im Friedhof noch zu erwischen, starb am Pfingstsonntag

Madame Lenormand de Mézy, kurz nachdem sie in eine besonders schöne Orange gebissen hatte, die ein allzu gefälliger Zweig in Reichweite ihrer Hände gebracht hatte. In der Ebene war der Belagerungszustand verhängt worden. Jeder, der nach Sonnenuntergang auf den Feldern oder in der Nähe der Häuser herumstrich, wurde ohne vorherige Warnung mit Musketenschüssen niedergestreckt. Die Garnison der Hauptstadt patrouillierte auf den Wegen, eine lächerliche Todesdrohung für den unfaßbaren Feind. Aber das Gift gelangte weiter auf den unerwartetsten Wegen bis zu den Lippen der Menschen. Eines Tages fanden es die acht Mitglieder der Familie Du Periguy in einem Fäßchen Apfelwein, das sie selber in ihren Armen aus dem Frachtraum eines kürzlich gelandeten Schiffes herausgeholt hatten. Die Fäulnis hatte sich zur Herrin der ganzen Landschaft gemacht.

Eines Tages, als dem X-beinigen Fula mit einer Ladung Schrot in den Hintern gedroht wurde, begann er schließlich zu reden. Der einarmige Mackandal, zu einem Houngán des Radá-Ritus geworden und, da er wiederholt von den Großen Göttern besessen war, mit außerordentlichen Kräften begabt, war der Herr des Giftes. Und von den im Auftrag dieser Götter handelnden Gebietern des Anderen Ufers mit höchster Autorität ausgestattet, hatte er den Kreuzzug der Vernichtung ausgerufen, da er auserwählt war, mit den Weißen ein Ende zu machen und ein großes Reich von freien Negern in Santo Domingo zu errichten. Tausende von Sklaven hingen ihm an. Niemand würde den Lauf des Giftes hemmen können. Diese Enthüllung entfesselte auf der Farm einen Sturm von Auspeitschungen. Und kaum hatte die aus reiner Wut entzündete Ladung die Eingeweide des schwatzhaften Negers zerrissen, als ein Bote nach Cap Français abgeordnet wurde. Am selben Nachmittag wurden alle verfügbaren Männer aufgerufen, nach Mackandal zu jagen. Die Ebene – stinkend nach fauligem Fleisch, nach halb verbrannten Klauen, nach dem Geschäft der Würmer – war erfüllt von Fluchen, Schreien und Hundegebell.

VI *Die Verwandlungen*

Viele Wochen lang durchkämmten die Soldaten von Cap Français und die aus Farmern, Zahlmeistern und Verwaltern gebildeten Patrouillen die Gegend, Waldstück um Waldstück, Schlucht um Schlucht, Binsengebüsch um Binsengebüsch, ohne Mackandals Spur zu finden. Übrigens hatte das

Gift, nachdem seine Herkunft bekannt geworden war, seine Angriffe eingestellt und war in die Kruken zurückgekehrt, die der Einarmige wahrscheinlich irgendwo eingegraben hatte, wo es sich in die große Nacht der Erde verflüchtigte, die für so viele Menschenleben schon zur Erdennacht geworden war. Beim Dunkelwerden kehrten Hunde und Männer aus dem Walde zurück, aus allen Poren Erschöpfung und Erbitterung schwitzend. Jetzt, da der Tod seinen normalen Rhythmus wiedergewonnen hatte, nur im Januar von Temperaturschwankungen oder besonderen, durch den Regen hervorgerufenen Fiebern beschleunigt, gaben sich die Farmer in der erzwungenen Gesellschaft der Soldateska dem Branntwein und dem Spiel hin. Zwischen schlüpfrigen Liedern und betrügerischen Spieltricks die Brüste der Negerinnen betastend, wenn sie frische Gläser brachten, beschworen sie die Taten der Großväter herauf, die an der Plünderung von Cartagena de Indias teilgenommen oder ihre Hände in den Schatz der spanischen Krone getaucht hatten, als Piet Hein, dem mit dem Holzbein, in den kubanischen Gewässern die fabelhafte, von den Korsaren seit fast zwei Jahrhunderten erträumte Heldentat gelang. An den vom schweren Wein befleckten Tischen, beim Schütteln und Aufschlagen der Würfelbecher, wurden Trinksprüche auf d'Esnambuc, auf Bertrand d'Ogeron, auf Du Rausset und auf die Draufgänger ausgebracht, die die Kolonie unter Gefahr ihres Lebens und ihres Vermögens geschaffen und ihr ganz unbekümmert Gesetze gegeben hatten, ohne sich im geringsten von den Edikten aus Paris oder von den sanft beschwörenden Rügen des ›Code Noir‹ einschüchtern zu lassen. Die Hunde schliefen unter den Schemeln und erholten sich von ihren Stachelhalsbändern.

Jetzt wurden die Treibjagden auf Mackandal sehr träge, mit Mittagsruhe und Mahlzeiten im Schatten der Bäume, und immer seltener. Mehrere Monate waren verstrichen, ohne daß man irgend etwas von dem Einarmigen gehört hatte. Einige dachten, er habe sich ins Innere des Landes geflüchtet, auf die umwölkten Höhen der Großen Hochebene, dorthin, wo die Neger mit Kastagnetten Fandango tanzten. Andere behaupteten, der Houngán sei auf einem Schoner in das Gebiet von Jacmel gelangt, wo viele Menschen, die gestorben waren, die Erde bearbeiteten, solange sie keine Möglichkeit hatten, am Salz zu lecken. Die Sklaven trugen jedoch eine herausfordernd gute Laune zur Schau. Niemals waren die Trommeln mit mehr Schwung geschlagen worden von denen, die beauftragt waren, den Rhythmus zum Zerstampfen des Maises oder zum Schneiden des Zuckerrohrs anzugeben.

Nachts in ihren Baracken teilten sich die Neger freudig die merkwürdigsten Nachrichten mit: ein grüner Leguan hatte sich auf dem sonnigen Dach des Tabaktrockenplatzes den Rücken gewärmt; jemand hatte am hellen Mittag einen Nachtfalter fliegen sehen; ein großer Hund mit gesträubtem Fell hatte in vollem Lauf das Haus durchquert und einen Wildschinken mitgenommen; ein Pelikan hatte – so weit vom Meer – seine Milben abgeworfen, als er sein Gefieder über der Weinlaube hinter dem Hofe schüttelte. Alle wußten, daß der grüne Leguan, der Nachtfalter, der unbekannte Hund, der im Binnenland ungewohnte Pelikan nichts anderes waren als einfach Verkleidungen. Mit der Kraft begabt, sich in ein klauenbewehrtes Tier, in einen Vogel, einen Fisch oder ein Insekt zu verwandeln, besuchte Mackandal ständig die Plantagen in der Ebene, um seine Anhänger zu beobachten und festzustellen, ob sie noch auf seine Rückkehr vertrauten. In vielerlei Verwandlungen war der Einarmige allgegenwärtig und hatte seine körperliche Unversehrtheit wiedererlangt, wenn er in das Kleid eines Tieres schlüpfte. Einmal mit Flügeln, ein andermal mit Kiemen, laufend oder kriechend, hatte er die unterirdischen Flüsse, die Höhlen an der Küste, die Wipfel der Bäume in Besitz genommen, ja, er herrschte über die ganze Insel. Jetzt war seine Macht unbegrenzt. Er konnte ebensogut eine Stute decken wie in der Kühle einer Zisterne ausruhen, sich auf die leichten Zweige einer Akazie setzen oder durch ein Schlüsselloch schlüpfen. Die Hunde bellten ihn nicht an; er konnte seinen Schatten verändern, wie es ihm gefiel. Sein Werk war es gewesen, als eine Negerin ein Kind mit dem Kopf eines Wildschweins zur Welt brachte. Nachts erschien er oft auf den Wegen im Fell eines schwarzen Bocks, glühende Kohlen auf den Hörnern. Eines Tages würde er das Signal zum großen Aufstand geben, und die Herrscher des Jenseits, an ihrer Spitze Damballah, der Gebieter der Wege, und Ogún, der Herr der Waffen, würden Donner und Blitz bringen, um den Wirbelsturm zu entfesseln, der das Werk der Menschen vollenden sollte. Zu dieser großen Stunde – sagte Ti Noel – würde das Blut der Weißen bis zu den Bächen fließen, wo die Loas, glückberauscht auf dem Bauch liegend, dieses Blut trinken würden, bis ihre Lungen davon strotzten.

Vier Jahre dauerte nun schon das sehnsuchtsvolle Warten, ohne daß die weitgeöffneten Ohren je daran zweifelten, irgendwann einmal die Stimme der großen Schneckenhörner zu vernehmen, die auf den Bergen ertönen sollten, um allen anzukündigen, daß Mackandal den Kreis seiner Verwandlungen geschlossen hatte, um sich wieder, sehnig und hart, mit Hoden wie Steine, auf seine Menschenbeine zu stellen.

VII *Die Menschengestalt*

Nachdem Monsieur Lenormand de Mézy eine Zeitlang die Waschfrau Marinette wieder in sein Zimmer genommen hatte, verheiratete er sich, durch den Pfarrer von Limonade verkuppelt, mit einer hinkenden, frommen und reichen Witwe. Als im Dezember die ersten Nordwinde zu pfeifen begannen, machten sich daher die Hausbediensteten, von dem Stock der Herrin geleitet, daran, provenzalische Heiligenfiguren um eine Grotte aus Packpapier zu gruppieren, die noch nach feuchtem Leim roch und Weihnachten unter dem Dach einer Vorhalle illuminiert werden sollte. Toussaint, der Schreiner, hatte aus Holz die Heiligen Drei Könige geschnitzt; sie waren zu groß für das Ganze und wurden zuletzt doch nie aufgestellt, hauptsächlich wegen der furchtbar weißen Augäpfel Balthasars, die der Pinsel noch besonders hervorgehoben hatte und die wie die entsetzliche Anklage eines Ertrunkenen aus der ebenholzschwarzen Nacht auftauchten. Ti Noel und die anderen Sklaven nahmen an den Fortschritten der Krippe teil; sie dachten daran, daß sich die Tage der Weihnachtsgeschenke und der Mitternachtsmessen näherten und daß die Besuche und Einladungen der Herrschaft die Disziplin etwas lockern würden, so daß es nicht schwierig sein werde, in den Küchen ein Schweinsohr zu ergattern, einen Mundvoll Wein aus dem Hahn eines Fasses mitzunehmen oder sich nachts in die Baracke der neuangekauften Weiber aus Angola zu stehlen, die der Herr nach den Feiertagen mit dem Segen des christlichen Sakraments kopulieren wollte. Aber dieses Mal wußte Ti Noel, daß er nicht dabeisein würde, wenn sich die Kerzen entzündeten und das Gold der Grotte glänzte. Er gedachte, in dieser Nacht weit fort zu sein, sich davonzustehlen auf das Fest, das die Sklaven der Hacienda Dufrené veranstalten würden; sie hatten die Erlaubnis, mit einem Becher spanischen Branntweins pro Kopf die Geburt des Stammhalters im Hause ihres Herrn zu feiern.

Roulé, Roulé, Congoa roulé!
Roulé, Roulé, Congoa roulé!
A fort ti fille ya dansé congo ya – ya – ró!

Seit über zwei Stunden donnerten die Trommeln im Licht der Fackeln, und die Frauen wiederholten im Takt ihrer Schultern unaufhörlich die Bewegung der Wäscherin: ›lava – lava‹, als ein Schreck einen Augenblick lang die Stimmen der Sänger erzittern ließ. Hinter der Mutter-Trommel hatte sich in menschlicher Gestalt Mackandal aufgerichtet. Der Mandinga Mackandal. Mackandal, der Mann. Der Einarmige. Wieder in Menschengestalt. Der Wiedergekehrte. Niemand begrüßte ihn, aber sein Blick kreuzte sich mit den Blicken aller. Und die Becher mit Branntwein begannen von Hand zu Hand zu eilen bis zu der einzigen Hand dessen, der seit langem Durst haben mußte. Ti Noel sah ihn zum ersten Mal nach seinen Verwandlungen. Etwas schien an ihm zurückgeblieben zu sein von seinem Hausen in geheimnisvollen Gestalten; etwas von seinen einander folgenden Gewändern aus Schuppen, Borsten oder Fell. Sein Bart spitzte sich wie ein gestrecktes Raubtier, und seine Augen hatten sich wohl etwas nach den Schläfen hin verschoben, wie die der Vögel, in deren äußere Erscheinung er sich gekleidet hatte. Die Weiber bewegten sich vor ihm hin und her und wiegten sich in den Hüften im Rhythmus des Tanzes. Aber so viele Fragen schwebten in der Luft, daß plötzlich, ohne vorherige Übereinkunft, sich alle Stimmen zu einem feierlich heulenden ›Yanvalú‹ über das Trommeldröhnen erhoben. Nach einer Wartezeit von vier Jahren wurde der Gesang die Schilderung eines unendlichen Elends:

»Yenvalo moin Papá!
Moin pas mangéq'un bambó?
Yenvalou, Papá, Yenvalou moin!
Ou vlai moin lavé chaudier?
Yenvalou moin!«

Muß ich immer weiter Bambus essen? Muß ich immer weiter Kochkessel scheuern? Wie aus den Eingeweiden hervorgegangen, drängten sich die Fragen und nahmen im Chor das herzzerreißende Stöhnen der Völker an, die in die Verbannung geschleppt worden waren, um Grabmäler, Türme oder endlose Mauern zu errichten. Vater, mein Vater, wie lang ist der Weg! Vater, mein Vater, wie lang ist das Leid! Vor lauter Klagen hatte Ti Noel vergessen, daß auch die Weißen Ohren hatten. Im Hof des Hauses von Dufrene wurden in diesem selben Augenblick alle Musketen, Stutzen und Pistolen, die man von den Wandtäfelungen des Salons abgehängt hatte, mit Zündhütchen versehen. Und für alle Fälle blieb eine Reserve an Messern und Dolchen und Knütteln in den Händen der Frauen zurück, die schon im Gebet lagen und um die Festnahme des Mandinga flehten.

VIII *Der große Flug*

An einem Montag im Januar kurz vor der Morgendämmerung strömten die Farmsklaven der Nordebene nach und nach in die Stadt Cap Français ein. Von ihren Herren und Verwaltern zu Pferde angeführt, begleitet von Wachen in Feldausrüstung, verbreiteten die Neger langsam ihre Schwärze über den Großen Platz, wo die Militärtrommeln in feierlichem Takt ihre Wirbel schlugen. Mehrere Soldaten schichteten Holzbündel am Fuß eines aus Bruchsteinen errichteten Pfahles auf, während andere das Feuer in einem Kohlenbecken schürten. In der Vorhalle der großen Pfarrkirche saß neben dem Gouverneur, den Richtern und den Beamten des Königs das ganze Domkapitel, in hohen Sesseln, im Schatten eines über Stangen und Stützbalken gespannten schwarzen Baldachins. Mit der heiteren Unruhe von Blumen im Winde bewegten sich leichte Sonnenschirme auf den Balkonen. Die Damen mit Fächern und Halbhandschuhen unterhielten sich schreiend wie in einem weiträumigen Theater von Loge zu Loge; die Aufregung hatte ihre Stimmen deliziös verwandelt. Die, deren Fenster auf den Platz hinausgingen, hatten Erfrischungen aus Zitrone und Mandelmilch für ihre Gäste bereiten lassen. Unten jedoch warteten die Neger, immer enger aneinandergepreßt und schwitzend, auf das Schauspiel, das für sie veranstaltet wurde; eine Galavorstellung für Neger, für deren Pracht man alle Kredite ausgeschöpft hatte. Denn dieses Mal sollte der Buchstabe des Gesetzes nicht mit Blut, sondern mit Feuer geschrieben werden, und eine solche Festbeleuchtung, die zu bleibender Erinnerung angezündet wurde, war außerordentlich kostspielig.

Plötzlich schlossen sich die Fächer aller Damen zu gleicher Zeit. Hinter den Militärtrommeln entstand eine große Stille. Die Hüften in eine gestreifte Hose gezwängt, mit Stricken und Knoten bedeckt, aus frischen Wunden blutend, näherte sich Mackandal der Mitte des Platzes. Die Herren prüften mit dem Blick die Gesichter ihrer Sklaven. Aber die Neger trugen eine trotzige Gleichgültigkeit zur Schau. Was wußten die Weißen schon von den Negern? Im Verlauf seiner Verwandlungen war Mackandal oft genug in die verborgene Welt der Insekten eingedrungen und hatte sich für das Fehlen eines Menschenarmes durch den Besitz von mehreren Füßen, vier Flügeln und langen Fühlern schadlos gehalten. Er war Fliege, Tausendfüßler, Nachtfalter, Termite, Tarantel, Marienkäfer und sogar Glühwürmchen mit großem grünem Licht gewesen. Im entscheidenden Augenblick würden die Fesseln des Mandinga, die nun keinen Körper mehr zu binden hätten, eine Sekunde lang die Umrisse eines Luftmenschen zeichnen, ehe sie längs des Pfostens niederglitten. Und Mackandal, in einen summenden Moskito verwandelt, würde sich auf dem Dreispitz des Kommandeurs niederlassen, um sich an der Verblüffung der Weißen zu ergötzen. Das war es, was die Herren nicht ahnten; dafür hatten sie so viel Geld verschwendet, um dieses unnötige Schauspiel zu veranstalten, das ihre vollkommene Ohnmacht enthüllen würde, gegen einen Mann zu kämpfen, den die Großen Loas gesalbt hatten.

Mackandal lehnte schon am Marterpfahl. Der Henker hatte mit der Zange ein glühendes Scheit gefaßt. Eine Geste wiederholend, die er am Abend vorher vor dem Spiegel eingeübt hatte, zog der Gouverneur seinen Hofdegen aus der Scheide und gab damit den Befehl, das Urteil zu vollstrecken. Das Feuer begann an dem Einarmigen hinaufzuzüngeln und versengte ihm die Beine. In diesem Augenblick schüttelte Mackandal seinen Armstumpf, den man nicht hatte fesseln können, mit einer drohenden Geste, die, nur angedeutet, darum nicht weniger furchterregend war, unverständliche Verwünschungen heulend und den Oberkörper heftig nach vorn schleudernd. Seine Fesseln fielen ab, und der Körper des Negers schoß in die Luft und flog über den Köpfen dahin, ehe er in den schwarzen Wellen der Sklavenmassen versank. Ein einziger Schrei erfüllte den Platz:

»Mackandal sauvé!«

Verwirrung und dröhnender Lärm. Mit Kolbenstößen stürzten sich die Wachen auf die heulende Negermasse, die keinen Platz mehr zwischen den Häusern zu haben schien und auf die Balkone kletterte. Und so groß war das Getöse, das Geschrei, das Menschengewühl, daß nur wenige sahen, wie Mackandal, von zehn Soldaten gepackt, kopfüber ins Feuer gestürzt wurde und eine Flamme, von seinem brennenden Haar auflodernd, seinen letzten Schrei erstickte. Als der Sklavenhaufe sich beruhigte, brannte der Scheiterhaufen so still wie jedes gute Holzfeuer, und die Meeresbrise wehte dicke Rauchwolken auf die Balkone, wo manch eine ohnmächtig gewordene Dame wieder zu sich kam. Nun aber gab es nichts mehr zu sehen.

Nachmittags kehrten die Sklaven auf ihre Plantagen zurück und lachten auf dem ganzen Weg. Mackandal hatte sein Versprechen gehalten, er war im Reich von dieser Welt geblieben. Wieder einmal waren die Weißen von den Hohen Mächten des Anderen Ufers betrogen worden. Und während Monsieur Lenormand de Mézy, die Nachtmütze auf dem Kopf, mit seiner frommen Gattin über die Gefühllosigkeit der Neger gegenüber der Todesqual eines der Ihrigen sprach – indem er daraus gewisse philosophische Betrachtungen über die Ungleichheit der Menschenrassen ableitete, die er in einem mit lateinischen Zitaten gespickten Vortrag zu entwickeln gedachte –, schwängerte Ti Noel eines der Küchenmädchen, wobei er es dreimal hintereinander in einer Krippe im Pferdestall umschlang.

II

›... je lui dis qu'elle serait reine là-bas; qu'elle irait en palanquin; qu'une esclave serait attentive au moindre de ses mouvements pour exécuter sa volonté; qu'elle se promènerait sous les orangers en fleur; que les serpents ne devraient lui faire aucune peur, attendu qu'il n'y en avait pas dans les Antilles; que les sauvages n'étaient plus à craindre; que ce n'était pas là que la broche était mise pour rôtir les gens; enfin j'achevais mon discours en lui disant qu'elle serait bien jolie mise en créole.‹

Madame d'Abrantes

Ich sagte ihr, sie würde dort Königin sein, sie würde in einer Sänfte getragen werden, eine Sklavin würde ihr auf jeden kleinsten Wink gehorchen, sie würde unter blühenden Orangenbäumen wandeln und brauche keine Angst vor Schlangen zu haben, da es auf den Antillen keine gäbe, wie denn auch die Wilden nicht mehr zu fürchten seien und man die Menschen dort nicht mehr am Spieß über dem Feuer brate. Ich schloß meine Trostrede mit der Versicherung, daß sie, als Kreolin angezogen, sehr hübsch aussehen würde.

I *Die Tochter von Minos und Pasiphae*

Kurze Zeit nach dem Tode der zweiten Gattin von Monsieur Lenormand de Mézy hatte Ti Noel Gelegenheit, nach Cap Français zu gehen, um ein Gala-Pferdegeschirr, das aus Paris kam, in Empfang zu nehmen. In den letzten Jahren hatte die Stadt erstaunliche Fortschritte gemacht. Fast alle Häuser hatten zwei Stockwerke, Balkone, die, mit breiten Vordächern versehen, um die Ecken herumgeführt waren, und hohe Eingangstüren mit Lünettenoberlicht, fein gearbeiteten Schlössern und Kleeblattbeschlägen. Es gab mehr Schneider, Hutmacher, Federhändler, Friseure; in einem Laden wurden Geigen und Flöten angeboten, auch Partituren von Kontertänzen und Sonaten. Der Buchhändler stellte die letzte Nummer der ›Gazette de Saint Domingue‹ aus, auf leichtes Papier gedruckt, die Seiten aufgeteilt mit Linien und Vignetten. Und als höchster Luxus war ein Theater für Drama und Oper in der Rue Vandreuil eröffnet worden. Dieser Wohlstand kam besonders der Straße der Spanier zugute, da er die wohlhabendsten Fremden dem ›Gasthof zur Krone‹ zuführte, den Henri Christophe, der Küchenchef, soeben von Madame Monjeon, seiner früheren Arbeitgeberin, gekauft hatte. Die Gerichte des Negers wurden wegen ihrer sorgfältigen Zubereitung gelobt, wenn es sich um einen Gast aus Paris handelte, – oder wegen des vielen Fleisches in der ›Olla podrida‹, wenn er den Appetit eines gesetzten Spaniers befriedigen wollte, der von der anderen Seite der Insel in so altmodischer Kleidung gekommen war, daß sie eher wie der Anzug eines Seeräubers früherer Zeiten aussah. Ebenso war es unbestritten, daß Henri Christophe, mit der hohen weißen Mütze im Rauch seiner Küche stehend, ein besonderes Fingerspitzengefühl dafür hatte, einen Vol-au-vent de tortue zu backen oder eine Wildtaube knusprig anzurichten. Und wenn er die Hand in den Backtrog steckte, gelang ihm ein königlicher Teig, dessen Duft bis weit über die Straße der Drei Gesichter flog.

Monsieur Lenormand de Mézy, der nun wieder allein war, nahm keinerlei Rücksicht auf das Andenken seiner verstorbenen Gattin und ließ sich immer häufiger zum Theater nach Cap Français fahren, wo richtige Aktricen aus Paris Arien von Jean-Jacques Rousseau sangen oder auf noble Art die Alexandriner der Tragödie skandierten, bei deren Zäsuren sie sich den Schweiß abwischten. Eine anonyme Schmähschrift in Versen, welche die Unbeständigkeit gewisser Witwer geißelte, enthüllte zu jener Zeit aller Welt, daß ein reicher Plantagenbesitzer aus der Ebene vergnügte Nächte verbringe mit Mademoiselle Floridor, einer üppigen flämischen Schönheit, der schlechten Darstellerin von Nebenrollen, die immer nur am Ende des Personenverzeichnisses aufgeführt war, sich aber wie wenige auf alle Liebeskünste verstand. Ihr zuliebe war der Herr nach Schluß der Saison unerwarteterweise nach Paris gereist und hatte die Verwaltung seines Besitzes in den Händen eines Verwandten zurückgelassen. Aber da war ihm etwas sehr Überraschendes passiert: nach wenigen Monaten hatte ihm ein wachsendes Heimweh – nach Sonne, nach Weite, nach Überfluß, nach Herrschaft, nach Negerinnen am Wegrande – klargemacht, daß diese ›Rückkehr nach Frankreich‹, für die er lange Jahre gearbeitet hatte, nicht mehr der Schlüssel zum Glück für ihn war. Und nachdem er so schlecht über die Kolonie geredet, so sehr ihr Klima verwünscht, so sehr die schlechten Manieren der Farmer, die nichts weiter als die Nachkommen von Abenteurern waren, kritisiert hatte, war er auf seine Plantage zurückgekehrt und hatte die Schauspielerin wieder mitgebracht, die von allen Pariser Theatern wegen ihrer geringen darstellerischen Begabung abgelehnt worden war. Und so schmückten jetzt sonntags wieder zwei prächtige Kutschen die Straßen der Ebene, die mit ihren Lakaien in großer Livree zur Pfarrkirche rollten. Die Berline von Mademoiselle Floridor – die Komödiantin bestand darauf, bei ihrem Theaternamen genannt zu werden – beherrschten, auf dem Rücksitz, zehn niemals stillhaltende Mulattinnen in gestärkten blauen Röcken, die nach Herzenslust mit dem Lärm losgelassener Weibchen gakkerten.

Über alldem waren zwanzig Jahre verstrichen. Ti Noel hatte zwölf Kinder von einer der Köchinnen. Die Plantage gedieh besser denn je, mit ihren von Brechwurz gesäumten Wegen, mit ihren neu angelegten Weinbergen, die schon den ersten Wein gaben. Monsieur Lenormand aber war mit dem Alter trunksüchtig geworden. Unter dem unaufhörlichen Zwang seiner Erotomanie stellte er zu allen Stunden den jungen Sklavinnen nach, deren Hautfarbe und Körpergeruch ihn erregten. Immer mehr neigte er dazu, den Männern körperliche Strafen aufzuerlegen, besonders wenn er sie bei außerehelicher Unzucht ertappte. Und die Schauspielerin, verblüht und zerstört durch das Sumpffieber, rächte sich für ihre künstlerischen Mißerfolge, indem sie aus allen möglichen Gründen die Negerinnen, die sie badeten und kämmten, auspeitschen ließ. An manchen Abenden ergab sie sich dem Trunk. Dann geschah es, daß sie, wenn der Mond schon hoch am Himmel stand, das ganze Personal wieder aufstehen ließ, um vor den Sklaven, vom genossenen Malvasier aufstoßend, die großen Rollen zu deklamieren, die sie nie hatte spielen dürfen. In die Schleier der ›Vertrauten‹, der schüchternen Frau aus dem Gefolge, gehüllt, nahm sie mit brüchiger Stimme die hohen Bravourstücke des Repertoires in Angriff:

»Mes crimes désormais ont comblé la mesure
Je respire à la fois l'inceste et l'imposture
Mes homicides mains, promptes à me venger,
Dans le sang innocent brûlent de se plonger.«

Vollkommen verblüfft, ohne etwas zu verstehen außer gewissen Worten, die auch auf kreolisch Vergehen bezeichneten, deren Strafe von einer gewöhnlichen Tracht Prügel bis zur Enthauptung ging, glaubten die Neger schließlich, daß diese Dame in früheren Zeiten viele Verbrechen begangen habe und daß sie sich wahrscheinlich in der Kolonie aufhielt, um der Pariser Polizei zu entgehen, so wie viele Prostituierte in Cap Français, die unbezahlte Rechnungen in der Metropole zurückgelassen hatten. Das Wort ›Verbrechen‹ klang ähnlich im Inseljargon. Alle Welt wußte, wie ›Richter‹ auf französisch heißt. Und was die Hölle der roten Teufel betraf, so hatte ihnen die zweite Gattin von Monsieur Lenormand de Mézy, die jegliche Begierde aufs schärfste mißbilligte, genügend davon erzählt. Nichts von dem, was diese in ein weißes, beim Fackellicht durchscheinendes Gewand gekleidete Frau eingestand, dürfte sehr erbaulich gewesen sein:

»Minos juge aux enfers tous les pâles humains.
Ah! combien frémira son ombre épouvantée,
Lorsqu'il verra sa fille à ses yeux présentée,
Contrainte d'avouer tant de forfaits divers,
Et des crimes peut-être inconnus aux enfers!«

So viel Unmoral konnte die Sklaven auf der Farm von Lenormand de Mézy in ihrer Verehrung für Mackandal nur bestärken. Ti Noel erzählte seinen Söhnen die Geschichten vom Mandinga und lehrte sie ganz einfache Lieder, die er zu dessen Ehre beim Kämmen und Striegeln der Pferde gedichtet hatte. Außerdem war es gut, immer wieder des Einarmigen zu gedenken, da dieser, den augenblicklich wichtigere Aufgaben vom hiesigen Land fernhielten, eines Tages zurückkehren würde, wenn man ihn am wenigsten erwartete.

II *Der Große Pakt*

Lawinengleich schien sich der Donner am felsigen Profil des Morne Rouge zu brechen, er rollte lange nach im Grunde der Schluchten, als die Abgesandten des Plantagengesindes der Nordebene im Dickicht des Bois Caïman eintrafen, bis zu den Hüften mit Schlamm bedeckt und zitternd in ihren nassen Hemden. Zu allem Überfluß hatte dieser Augustregen, der je nach der Windrichtung sich von lau zu kalt wandelte, seit der Feierabendstunde der Sklaven immer mehr zugenommen. Ti Noels Hose klebte an seinen Schenkeln, und er versuchte, seinen Kopf mit einem als Kapuze gefalteten Jutesack zu schützen. Trotz der Dunkelheit war es sicher, daß sich kein Spitzel in die Versammlung eingeschlichen hatte. Die Benachrichtigungen waren in allerletzter Stunde durch erprobte Männer ergangen. Obwohl ganz leise gesprochen wurde, erfüllte das Murmeln der Gespräche den ganzen Wald und vermischte sich mit dem unaufhörlichen Rauschen des Sturzregens im zitternden Laub.

Plötzlich erklang eine mächtige Stimme inmitten dieser Versammlung von Schatten. Eine Stimme, deren Fähigkeit, ohne Übergang von der Tiefe zur Höhe zu wechseln, den Worten einen außerordentlichen Nachdruck verlieh. In dieser Rede, die reich war an zornigen Tönen und Schreien, steckten viele flehentliche Bitten und Beschwörungen. Es war Bouckman aus Jamaika, der so sprach. Obwohl der Donner ganze Sätze verschlang, glaubte Ti Noel zu verstehen, daß in Frankreich etwas geschehen war und daß sehr einflußreiche Herren erklärt hatten, man müsse den Negern die Freiheit schenken, daß aber die reichen Grundbesitzer des Cap, die alle monarchistische Hurensöhne waren, sich weigerten zu gehorchen. An dieser Stelle hielt Bouckman einige Sekunden inne – nur der Regen fiel auf die Bäume –, als hätte er den Blitzstrahl abgewartet, der über dem Meer die Wolken aufriß. Dann, als der Donner mit seinem vielfachen Widerhall verklungen war, erklärte er, es sei zwischen den Eingeweihten hier und den Großen Loas in Afrika ein Pakt geschlossen worden, um den Krieg unter günstigen Vorzeichen zu beginnen. Und aus den Beifallsrufen, die ihn jetzt umbrausten, entsprang die abschließende Ermahnung: »Der Gott der Weißen befiehlt das Verbrechen. Unsere Götter verlangen von uns die Rache. Sie werden uns die Arme führen und uns ihren Beistand gewähren. Zerbrecht das Bild des Gottes der Weißen, der nach unseren Tränen dürstet; hören wir in uns selber auf den Ruf der Freiheit!«

Die Abgesandten hatten den Regen vergessen, der ihnen aus dem Bart auf den Leib troff und das Leder der Gürtel härtete. Ein Geheul hatte sich inmitten des Gewittersturmes erhoben. Neben Bouckman schwang eine knorrige, langgliedrige Negerin eine rituelle Machete gleich einer Kinderwindmühle.

»Fai Ogún, Fai Ogún, Fai Ogún, oh!
Damballah m'ap tiré canon!«
»Fai Ogún, Fai Ogún, Fai Ogún, oh!
Damballah m'ap tiré canon!«

Der Ogún der Schwerter, Ogún, der Krieger, der Ogún der Waffenschmiede, Ogún, der Marschall, der Ogún der Speere, Ogún-Changó, Ogún-Kankanikan, Ogún-Batala, Ogún-Panamá, Ogun-Bakulé – sie alle wurden jetzt von der Radápriesterin inmitten der schreienden Schatten aufgerufen:

»Ogún Badagrí,
Général sanglant,
Saizi z'orage
Ou scell'orage
Ou fait Kataoum z'éclai!«

Plötzlich drang die Machete in den Leib eines schwarzen Schweines, das mit drei Schreien Eingeweide und Lungen ausspie. Danach kamen sie, mit den Namen ihrer Herren aufgerufen, da sie selber keine Familiennamen hatten, einer nach dem anderen herbei, um sich die Lippen mit dem schaumigen, in einer großen Holzschale aufgefangenen Blut des Schweines zu salben. Dann fielen sie auf dem nassen Boden aufs Gesicht. Ti Noel schwor wie alle übrigen, daß er Bouckman immer gehorchen werde. Der Jamaikaner umarmte darauf Jean François, Biassou, Jeannot, die heute nacht nicht auf ihre Plantagen zurückkehren sollten. Der Generalstab des Aufstandes hatte sich gebildet. Das Zeichen zum Aufstand würde acht Tage später gegeben werden. Es war sehr wahrscheinlich, daß die spanischen Farmer auf der anderen Seite der Insel, die unversöhnlichen Feinde der Franzosen, ihnen irgendwie zu Hilfe kämen. Und da man einen Aufruf verfassen mußte und niemand schreiben konnte, dachte man an die gewandte Feder des Abtes de la Haye, Pfarrers im Dondon, eines voltairianischen Geistlichen, der eine eindeutige Sympathie für die Neger bekundete, seit er die Erklärung der Menschenrechte gelesen hatte. Da die Flüsse vom Regen angeschwollen waren, mußte Ti Noel sich schwimmend in die grüne Schlucht stürzen, um vor dem Erwachen des Aufsehers in den Pferdeställen zu sein. Das Angelusläuten fand ihn sitzend und singend, bis zu den Hüften in einem Haufen nach Sonne duftenden Espartograses vergraben.

III *Der Ruf der Schneckenhörner*

Seit seinem letzten Besuch in Cap Français war Monsieur Lenormand de Mézy äußerst schlechter Laune. Der Gouverneur Blanchelande, gleich ihm ein Monarchist, zeigte sich sehr empört über das lästige Gerede der utopistischen Dummköpfe in Paris, denen das Schicksal der schwarzen Sklaven Mitleid einflößte. Oh, es war sehr leicht, im Café de la Régence oder unter den Arkaden des Palais Royal zwischen zwei Partien Pharao von der Gleichheit der Menschen aller Rassen zu träumen. Beim Betrachten von Ansichten amerikanischer Häfen, mit Windrosen und pausbäckigen Tritonen verziert, von Bildern lässiger Mulattinnen, nackter Wäscherinnen und Ruhestunden unter Bananenstauden, die Abraham Brunias gestochen hatte und die in Frankreich zwischen den Versen von Du Parny und dem ›Glaubensbekenntnis des savoyardischen Vikars‹ ausgestellt wurden, war es sehr leicht, sich Santo Domingo wie das Pflanzenparadies in ›Paul und Virginie‹ vorzustellen, wo die Melonen nur darum nicht auf den Bäumen wachsen, weil sie beim Herunterfallen aus solcher Höhe die Vorübergehenden erschlagen würden. Im Mai schon war die Nationalversammlung, aus liberalistischem und enzyklopädistischem Gesindel gebildet, übereingekommen, den Negern, die Kinder von Freigelassenen waren, politische Rechte einzuräumen. Und auf den Hinweis der Plantagenbesitzer auf das drohende Gespenst eines Bürgerkrieges erwiderten diese Ideologen von der Sorte eines Stanislaus von Wimpffen: »Eher sollen die Kolonien zugrunde gehen als ein Prinzip.«

Es mochte zehn Uhr abends sein, als Lenormand de Mézy, bedrückt von seinen Überlegungen, auf den Trockenplatz der Tabakplantage hinaustrat, in der Absicht, sich eines der jungen Mädchen gefügig zu machen, die dort zu dieser Stunde für ihre Väter Blätter zum Kauen stahlen. Ganz in der Ferne war ein Schneckenhorn zu hören. Das Überraschende war, daß dem langsamen Heulen dieser Muschel jetzt andere auf den Bergen und in den Wäldern antworteten. Und noch andere, in der Ebene, vom Meer her und von den Bauernhöfen von Millot. Es war, als ob alles Porzellangeschirr der Küste, alle Fechterschnecken, alle Stachelschnecken, die zum Offenhalten der Türen dienten, und alle Schneckenhäuser, die einsam und versteinert auf der Spitze von Los Moles lagen, angefangen hätten, im Chor zu singen. Plötzlich erhob noch ein Schneckenhorn in der Hauptbaracke der Plantage seine Stimme. Andere, flötenartige, antworteten aus der Indigoküperei, vom Tabaktrockenplatz, aus dem Stall. Beunruhigt verbarg sich Monsieur Lenormand de Mézy hinter einem Bougainvillea-Gebüsch.

Alle Barackentüren fielen, von innen aufgestoßen, mit einem Schlag zu Boden. Mit Stecken bewaffnet, umzingelten die Sklaven die Häuser der Aufseher und bemächtigten sich der Werkzeuge. Der Zahlmeister, der mit einer Pistole in der Hand erschienen war, fiel als erster, die Kehle von oben bis unten von einer Maurerkelle aufgerissen. Nachdem sich die Neger die Arme mit dem Blut des Weißen benetzt hatten, rannten sie zum Hauptgebäude und forderten brüllend den Tod ihrer Gebieter, des Gouverneurs, des lieben Gottes und sämtlicher Franzosen der Welt. Aber getrieben von ihrer lange angestauten Begierde, stürzten sich die meisten in den Keller auf der Suche nach Wein und Schnaps. Die Schläge der Spitzhacke schlitzten die Fässer auf. Aus geöffneten Dauben sprudelte der Rotwein und färbte die Röcke der Frauen. Unter Geschrei und Gedränge riß man sich die großen Korbflaschen mit Branntwein, die bauchigen Rumbehälter, aus den Händen und ließ sie an den Wänden zerschellen. Lachend, sich stoßend und drängend glitten die Neger auf einer seifigen Masse aus Majoran, eingemachten Tomaten, Kapern und Heringsrogen aus, die auf dem Steinboden herumschwamm, zwischen ranzigem Öl, das aus einem Schlauch herausfloß. Ein nackter Neger war zum Spaß in einen großen Tonkrug voll Schweinefett gestiegen. Zwei alte Weiber stritten sich auf kongolesisch um einen irdenen Kochtopf. Von der Decke lösten sich Schinken und Stockfische. Ohne sich ins Gewühl zu mengen, preßte Ti Noel seinen Mund, während sein Adamsapfel auf und nieder ging, lange an den Hahn eines Fasses mit spanischem Wein. Dann stieg er, gefolgt von seinen erwachsenen Söhnen, in den ersten Stock des Hauses hinauf. Seit langem träumte er davon, Mademoiselle Floridor zu schänden, die an ihren dramatischen Abenden unter der meandergeschmückten Tunika zwei Brüste zur Schau trug, welche die unabwendbaren Jahre des Alterns noch keineswegs versehrt hatten.

IV *Dagon in der Arche*

Nach zwei Tagen des Abwartens auf dem Grunde eines ausgetrockneten Brunnens, der trotz geringer Tiefe stockfinster war, hob Monsieur Lenormand de Mézy sein vor Hunger und Angst bleiches Gesicht über den Brunnenrand. Alles lag in Schweigen. Die Horde war zum Cap abgezogen und hatte unzählige Feuersbrünste hinterlassen; was sie vernichtet hatten, konnte man nur noch am Fuß der Rauchsäulen feststellen, deren Wolken zum Himmel aufstiegen. Ein kleines Pulvermagazin war gerade beim ›Kreuzweg der Frommen Väter‹ in die Luft geflogen. Der Herr ging an der aufgeblähten Leiche des Zahlmeisters vorüber auf das Haus zu. Ein entsetzlicher Gestank kam von den verbrannten Hundeställen; hier hatten die Neger eine alte Rechnung beglichen: sie hatten die Türen mit Teer bestrichen, damit kein Tier am Leben bliebe. Monsieur Lenormand de Mézy betrat sein Zimmer. Mademoiselle Floridor lag mit gespreizten Beinen auf dem Teppich, eine Sichel steckte tief in ihrem Leib. Ihre tote Hand klammerte sich an einen Bettpfosten und wiederholte mit einer schauerlichen Geste die Stellung des schlafenden Mädchens auf dem schlüpfrigen Kupferstich, der mit der Unterschrift ›Der Schlaf‹ den Alkoven schmückte. Monsieur Lenormand de Mézy brach in Schluchzen aus und fiel neben ihr zu Boden. Dann griff er nach einem Rosenkranz und begann alle Gebete herzusagen, die er kannte, ohne das zu vergessen, das man ihn als Kind für die Heilung von Frostbeulen gelehrt hatte. Und so verbrachte er in Todesangst mehrere Tage, ohne zu wagen, das mit offenen Türen seiner Vernichtung ausgelieferte Haus zu verlassen, bis ein Kurier zu Pferde in dem hinteren Hof sein Reittier so plötzlich zum Stehen brachte, daß es Funken sprühend ausglitt und mit den Nüstern gegen ein Fenster stieß. Die laut geschrienen Nachrichten rissen Monsieur Lenormand de Mézy aus seiner Erstarrung. Die Horde war besiegt. An derselben Stelle, an der das Fleisch des einarmigen Mackandal zu stinkender Asche geworden war, hing, grünlich und mit offenem Mund, der Kopf des Jamaikaners Bouckman und füllte sich schon mit Würmern. Man war dabei, die vollkommene Ausrottung der Neger zu organisieren, aber noch immer gab es einige bewaffnete Banden, die einsame Wohnstätten plünderten. Ohne die Leiche seiner Gattin begraben zu können, stieg Monsieur Lenormand de Mézy hinter dem Boten aufs Pferd, das in gestrecktem Galopp den Weg zum Cap einschlug. In der Ferne hörte man eine Gewehrsalve. Der Kurier gab dem Pferd die Sporen.

Der Herr kam gerade noch zur rechten Zeit, um zu verhindern, daß Ti Noel und zwölf weitere mit seinem Eisen gebrandmarkte Sklaven auf dem Kasernenhof mit der Machete hingerichtet wurden. Hier erwarteten die Neger, zu zweit mit dem Rücken aneinander gebunden, den Tod durch Hiebwaffen, da es klüger war, an Pulver zu sparen. Es waren die einzigen

Sklaven, die ihm blieben, und sie waren auf dem Markt von Havanna zusammen mindestens sechstausendfünfhundert spanische Pesos wert. Monsieur Lenormand de Mézy forderte die fürchterlichsten körperlichen Strafen, aber er bat, die Hinrichtung so lange aufzuschieben, bis er mit dem Gouverneur gesprochen hätte. Zitternd vor Nervosität, vor Schlaflosigkeit, vor übertriebenem Kaffeegenuß, ging Monsieur Blanchelande von einem Ende zum anderen durch sein Arbeitszimmer, das mit den Bildern von Ludwig XVI. und von Marie Antoinette mit dem Dauphin geschmückt war. Es war schwer, einen genaueren Sinn aus seinem verwirrten Selbstgespräch herauszuhören, in dem sich Schmähungen gegen die Philosophen mit unheilverkündenden Bruchstücken aus seinen nach Paris gerichteten Briefen vermengten, die man nicht einmal beantwortet hatte. Die Anarchie bestieg den Thron in der Welt. Die Kolonie ging ihrem Untergang entgegen. Die Neger hatten fast alle jungen Damen in der Ebene vergewaltigt. Nachdem sie so viele Spitzen zerrissen, sich zwischen so vielen Bettlaken gütlich getan, so viele Aufseher umgebracht hatten, würde es keine Möglichkeit mehr geben, sie in Schach zu halten. Monsieur Blanchelande war dafür, die Sklaven wie auch die freien Neger und Mulatten vollkommen und endgültig auszurotten. Jeder, der afrikanisches Blut in den Adern habe, sei er nun Quarterone, Terzerone, Mameluck, Greif oder Marabu, sollte getötet werden. Man sollte sich doch nicht durch die Bewunderungsschreie täuschen lassen, die die Sklaven ausstießen, wenn zu Weihnachten die Lichter an der Krippe angezündet wurden. Ganz richtig hatte der Pater Labat auf seiner ersten Reise zu diesen Inseln bemerkt: ›Die Neger benahmen sich wie die Philister, die Dagon in der Arche anbeteten.‹ Der Gouverneur sprach jetzt ein Wort aus, dem Monsieur Lenormand de Mézy bisher nicht die geringste Aufmerksamkeit geschenkt hatte: Wodu. Jetzt erinnerte er sich daran, daß vor Jahren jener rosige, lüsterne Advokat in Cap Français, Moreau de Saint Méry, Material über die abscheulichen Praktiken der Zauberer in den Bergen gesammelt und festgestellt hatte, daß einige Neger Schlangenanbeter seien. Als ihm diese Tatsache wieder einfiel, erfüllte sie ihn mit Angst, und es wurde ihm auf einmal klar, daß eine Trommel in gewissen Fällen etwas mehr sein konnte als ein über einen ausgehöhlten Baumstamm gespanntes Ziegenfell. Die Sklaven hatten also eine geheime Religion, die sie bei ihren Aufständen mutig und einig machte. Möglicherweise hatten sie Jahre und Jahre diese religiösen Praktiken direkt vor seiner Nase ausgeübt und sich durch das festtägliche Trommeln verständigt, ohne daß er irgendwelchen Verdacht geschöpft hatte. Aber konnte sich denn ein gebildeter Mensch um den rohen Glauben von Leuten kümmern, die eine Schlange anbeteten?

Tief bedrückt von dem Pessimismus des Gouverneurs, ging Monsieur Lenormand de Mézy bis zum Dunkelwerden ziellos durch die Straßen der Stadt. Lange betrachtete er Bouckmans Kopf und brach dabei in Beschimpfungen aus, bis er es leid war, immer dieselben Schmähworte zu wiederholen. Er hielt sich eine Weile bei der dicken Louison auf, deren Mädchen, in weißen Musselin gehüllt, in einem Hof voller Kübel mit großen Blattpflanzen ihre nackten Brüste fächelten. Aber überall herrschte schlechte Stimmung. Darum ging er in die Straße der Spanier, um im ›Gasthof zur Krone‹ etwas zu trinken. Als er das verschlossene Haus sah, fiel ihm ein, daß Henri Christophe vor kurzem das Geschäft aufgegeben hatte, um die Uniform eines Artilleristen der Kolonialtruppe anzuziehen. Seit er die Krone aus vergoldetem Blech mitgenommen hatte, die so lange das Wahrzeichen der Gastwirtschaft gewesen war, gab es in Cap Français kein Lokal mehr, wo ein Kavalier mit Genuß essen konnte. Nachdem er sich in irgendeinem Ausschank mit einem Glas Rum gestärkt hatte, nahm Monsieur Lenormand de Mézy Beziehungen zu dem Schiffspatron eines Kohlenfrachters auf, der seit Monaten stillag, der aber nach beendigter Kalfaterung wieder die Anker lichten und nach Santiago de Cuba segeln sollte.

V *Santiago de Cuba*

Der Frachter hatte die Spitze des Caps umsegelt. Dahinter blieb die Stadt zurück, nach wie vor von den Negern bedroht, die schon Kenntnis hatten von einer von den Spaniern angebotenen Waffenhilfe und der Begeisterung, mit der gewisse menschenfreundliche Jakobiner begannen, ihre Sache zu verteidigen.

Während Ti Noel und seine Gefährten, im Zwischendeck eingeschlossen, auf Kohlensäcken schwitzten, versammelten sich die vornehmen Reisenden auf dem Achterdeck und ließen es sich in den lauen Brisen der windigen Meerenge, der ›Passage aux Vents‹, wohl sein. Unter ihnen befand sich eine Sängerin der neuen Operntruppe in Cap Français, deren Gasthof in der Nacht des Aufstandes niedergebrannt war und der als Kleidung nur das Kostüm der verlassenen Dido geblieben war. Ein elsässischer Musiker, dem es gelungen war, sein freilich schon vom Salz der Meeresluft verstimmtes Clavichord zu retten, unterbrach sich zuweilen in einem Sonatensatz von Johann Friedrich Edelmann, um zu beobachten, wie ein fliegender Fisch auf eine Bank gelber Miesmuscheln sprang. Ein monarchistischer Marquis, zwei republikanische Offiziere, eine Spitzenklöpplerin und ein italienischer Geistlicher, der die Monstranz aus der Kirche mitgenommen hatte, vervollständigten die Zahl der Schiffspassagiere.

Am Abend seiner Ankunft in Santiago de Cuba begab sich Monsieur Lenormand de Mézy geradewegs ins Tivoli, das kürzlich von den ersten französischen Flüchtlingen aus Guanopalmen erbaute Theater. Denn die kubanischen Weinkeller mit ihren Fliegenfängern und den am Eingang angebundenen Eseln stießen ihn ab. Nach so viel Angst und Sorge, nach so großen Veränderungen beruhigte und tröstete ihn die Stimmung in diesem Konzert-Café. Die besten Tische waren von alten Freunden besetzt, Plantagenbesitzern, die gleich ihm vor den mit Melasse geschliffenen Macheten geflohen waren. Aber das Merkwürdige war, daß diese alten Kolonisten, die, ihrer Vermögen beraubt, zugrunde gerichtet waren, die halbe Familie verloren hatten und deren Töchter noch krank waren von den Schändungen durch die Neger – was nicht wenig bedeutete –, weit davon entfernt, sich zu beklagen, geradezu verjüngt zu sein schienen. Während andere, Schlauere, Geld aus Santo Domingo herausgebracht hatten, nach Neu-Orleans gingen oder neue Kaffeeplantagen in Kuba gründeten, genossen diejenigen, die nichts hatten retten können, ihre Unordnung, ihr In-den-Tag-hinein-Leben, ihren Mangel an Pflichten und trachteten fürs erste danach, an allem Vergnügen zu finden. Der Witwer entdeckte aufs neue die Vorzüge der Ehelosigkeit; die ehrbare Gattin gab sich dem Ehebruch mit Entdeckerfreude hin; die Militärs genossen das Ausbleiben der Reveille; die protestantischen jungen Damen lernten den Zauber der Bühne kennen und zeigten sich mit Schminke und Schönheitspflästerchen im Gesicht. Jede bürgerliche Rangordnung der Kolonie war hinfällig geworden. Worauf es jetzt vor allem ankam, war, die Trompete zu blasen, ein Menuetttrio mit der Oboe zu begleiten oder auch nur die Triangel im Takt zu schlagen, um das Orchester im Tivoli wirksam zu unterstützen. Emsige Notare schrieben Stimmen aus den Partituren aus; Steuereinnehmer bemalten eine vier Ellen breite Leinwanddekoration mit zwanzig salomonischen Säulen. Auf den Proben, wenn ganz Santiago hinter Holzgittern und nägelbeschlagenen Türen Mittagsruhe hielt, konnte man zuweilen neben den verstaubten Drachmenbildern des letzten Fronleichnamsfestes eine Matrone, die gestern noch für ihre Frömmigkeit berühmt gewesen war, mit hinsterbenden Gesten singen hören:

»Sous ses lois l'amour veut qu'on jouisse
D'un bonheur qui jamais ne finisse! ...«

Jetzt wurde ein großer Schäferball angezeigt – in Paris war so etwas schon recht veraltet –, und alle vor der Plünderung durch die Neger geretteten Koffer sollten gemeinschaftlich zur Kostümierung beitragen. Die Logenwände aus Blättern der Königspalme begünstigten die köstlichsten Tête-à-têtes, während der mit einem Bariton begabte Ehemann, von seiner Rolle besessen, auf der Bühne durch die Bravourarie des ›Déserteur‹ von Monsigny festgehalten wurde. Zum erstenmal hörte man in Santiago de Cuba die Musik von Passepieds und Kontertänzen. Die letzten Perücken des Jahrhunderts, von den Töchtern der Kolonisten getragen, drehten sich zum Klang bewegter Menuette, deren Rhythmus schon den Walzer ankündigte. Ein zügelloser, phantastischer, liederlicher Wind wehte in der Stadt. Die jungen Kreolen begannen die Moden der Flüchtlinge nachzuahmen und überließen den Stadträten die immer nachhinkende spanische Tracht. Gewisse kubanische Damen nahmen hinter dem Rücken ihrer Beichtväter Unterricht in französischem Benehmen und lernten die Kunst, ihren Fuß zu zeigen, um das elegante Schuhwerk zur Geltung zu bringen.

An den Abenden, wenn Monsieur Lenormand de Mézy, mit vielen Gläsern hinter der Binde, dem Ende des Schauspiels beiwohnte, erhob er sich mit den übrigen, um nach der von den Emigranten selber eingeführten Sitte nacheinander die Hymne auf den heiligen Ludwig und die Marseillaise zu singen.

In seinem Müßiggang, ohne den Geist auf irgendwelche Geschäfte richten zu können, begann Monsieur Lenormand de Mézy seine Zeit zwischen den Spielkarten und dem Gebet zu teilen. Er stieß seine Sklaven einen nach dem anderen ab, um das Geld in irgendeiner Spielhölle zu verlieren, um seine unbezahlten Rechnungen im Tivoli zu begleichen oder um sich Negerinnen zu verschaffen, solche, die, Tuberosen im gekräuselten Haar, ihr Gewerbe am Hafen betrieben. Aber da er zu gleicher Zeit sah, daß der Spiegel ihn von Woche zu Woche älter machte, begann er den nahe bevorstehenden Ruf Gottes zu fürchten. Früher war er Freimaurer gewesen, jetzt aber mißtraute er den romantischen Dreiecken. Darum pflegte er, von Ti Noel begleitet, Stoßgebete murmelnd und seufzend, lange Stunden in der Kathedrale von Santiago zu verbringen.

In der Zwischenzeit schlief der Neger unter dem Bildnis eines Bischofs oder wohnte der Probe irgendeines Weihnachtsliedes bei, die ein schwärzlicher, dürrer, schreiender Alter namens Don Esteban Salas leitete. Es war wirklich nicht zu verstehen, warum dieser Chormeister, der doch von allen respektiert zu werden schien, darauf bestand, seine Choristen einen nach dem anderen in den allgemeinen Gesang einfallen zu lassen, so daß die einen sangen, was die anderen vorher gesungen hatten, und ein Kauderwelsch von Stimmen entstand, das jeden empören mußte. Aber das war ohne Zweifel nach dem Geschmack des Domschweizers, einer Persönlichkeit, der Ti Noel große kirchliche Autorität beimaß, da er wie die Männer in Hosen und in Waffen ging. Trotz dieser mißtönenden Musik, die Don Esteban Salas mit Fagotten, Waldhörnern und den Diskantstimmen von Chorknaben bereicherte, fand der Neger in diesen spanischen Kirchen etwas von der Glut des Wodu, die ihm in den sulpizianischen Gotteshäusern am Cap niemals begegnet war. Die barocken Vergoldungen, das Menschenhaar der Christusgestalten, die geheimnisvollen, mit Schnitzwerk überladenen Beichtstühle, der Hund der Dominikaner, die von heiligen Füßen zertretenen Drachen, das Schwein des heiligen Antonius, die bleiche Farbe des heiligen Benedikt, die schwarzen Jungfrauen, die heiligen George mit den Kothurnen und gesteppten Wämsern französischer Tragöden, die in der Weihnacht gespielten Hirtenflöten – all das besaß durch seine Unmittelbarkeit, durch seine Symbole, Attribute und Zeichen eine Kraft der Verführung und suggestive Macht, ähnlich der, die von den dem Damballah, der Gottesschlange, geweihten Altären der Houmforts ausging. Außerdem ist Santiago, der heilige Jakob, auch Ogún Fai, der Herr des Sturmes, zu dessen Heraufbeschwörung sich die Männer Bouckmans erhoben hatten. Darum richtete Ti Noel häufig als Gebet ein altes Lied an ihn, das er von Mackandal gehört hatte:

»Santiago, ich bin ein Sohn des Krieges:
Santiago, siehst du es nicht,
daß ich ein Sohn des Krieges bin?«

VI *Das Hundeschiff*

Eines Morgens erfüllte Hundegebell den Hafen von Santiago. Aneinandergekettet, wütend, die Zähne fletschend unter den Maulkörben, versuchten Hunderte von Hunden ihre Wärter oder sich gegenseitig zu beißen; sie stürzten sich auf die Leute, die hinter den Fenstergittern standen, immer wieder wollten sie beißen, ohne beißen zu können, und wurden schließlich mit der Peitsche in die Bunker eines Segelschiffes getrieben. Und es kamen mehr und immer mehr Hunde, geführt von Gutsverwaltern, weißen Landleuten und Jägern mit hohen Stiefeln. Ti Noel, der auf Befehl seines Herrn gerade Fisch gekauft hatte, näherte sich diesem merkwürdigen Fahrzeug, auf das die Hunde dutzendweise verladen wurden, im Vorbeiziehen von einem französischen Offizier gezählt, der eilig die Kugeln einer Rechenmaschine bewegte.

»Wo bringt man sie hin?« rief Ti Noel einem mulattischen Matrosen zu, der dabei war, ein Netz auseinanderzufalten, um eine Luke zu verschließen.

»Zum Negerfressen!« brüllte der andere lachend, das Hundegebell übertönend.

Diese Antwort auf kreolisch war für Ti Noel eine Enthüllung. Er rannte die Straße hinauf zur Kathedrale, in deren Vorhalle andere französische Neger darauf warteten, daß ihre Herrschaften aus der Messe kamen. Gerade vor drei Tagen war die Familie Dufrené nach Santiago gekommen, die, ohne jede Hoffnung, ihren Besitz erhalten zu können, jene durch die Gefangennahme Mackandals berühmt gewordene Farm verlassen hatte. Dufrenés Neger brachten große Neuigkeiten vom Cap mit.

Von dem Augenblick ihrer Einschiffung an hatte sich Pauline ein wenig als Königin gefühlt an Bord dieser truppenbeladenen Fregatte, die jetzt auf die Antillen zusteuerte und deren knirschende Taue den Takt zu den breitströmenden Wellen schlugen. Ihr Geliebter, der Schauspieler Lafont, hatte sie einst mit Herrscherinnenrollen bekannt gemacht, als er ihr die königlichsten Verse aus ›Bajazeth‹ und ›Mithridate‹ mit Donnerstimme vortrug. Pauline, die ein schlechtes Gedächtnis hatte, erinnerte sich unbestimmt an ›den Hellespont, weiß unter unseren Rudern‹, was ziemlich gut zu der Schaumspur paßte, die die ›Océano‹ mit gehißten Segeln, die Wimpel im Winde flatternd, hinterließ. Aber jeder Wechsel der Brise nahm jetzt ein paar Alexandriner mit fort. Nachdem sie die Abfahrt eines ganzen militärischen Detachements verzögert hatte, weil sie, einem harmlosen Einfall folgend, in einer Tragsänfte von Paris nach Brest reisen wollte, hatte sie nun an wichtigere Dinge zu denken. In großen gelackten Körben lagen die bunten Tücher von der Mauritiusinsel, die ländlichen Mieder, die Rökke aus Musselin, die sie am ersten heißen Tag anlegen wollte, denn die Herzogin von Abrantes hatte sie über die Moden in der Kolonie genau informiert. Im ganzen war die Reise gar nicht so langweilig, wie sie erwartet hatte. Die erste Messe, die der Kaplan, nachdem das schlechte Wetter im Golf von Biskaya überstanden war, von der Höhe des Vorderkastells herab hielt, hatte alle Offiziere in Paradeuniform um den General Leclerc, ihren Gatten, versammelt. Einige von ihnen sahen prachtvoll aus, und Pauline, die trotz ihrer Jugend die Männer gut kannte, fühlte sich wohltuend geschmeichelt von der wachsenden Begierde, die sich hinter der Ehrerbietung und den Aufmerksamkeiten verbarg, deren Gegenstand sie war. Sie wußte: wenn die Laternen auf den Mastspitzen schaukelten, in den immer sternhelleren Nächten, träumten Hunderte von Männern in den Kajüten, auf Deck und in dem Zwischendeck von ihr. Darum gab sie sich immer gern den Anschein, als sei sie tief in Gedanken versunken, wenn sie sich am Morgen am Bug der Fregatte aufhielt, neben der Verankerung des Fockmastes, wo sie sich vom Wind die Haare zerzausen ließ, der ihr das Kleid eng an den Körper legte und so die wunderbare Form ihrer Brüste offenbarte.

Einige Tage, nachdem die Azoren durchquert waren und in der Ferne schon die weißen portugiesischen Kapellen in den Dörfern zu sehen waren, entdeckte Pauline, daß das Meer sich veränderte. Jetzt schmückte es sich wie mit gelben Trauben, die nach Osten abtrieben; es gab da Hornhechte, die aussahen wie große spitze Nadeln aus grünem Kristall; Seesterne, die blauen Blasen ähnelten und lange rote Fäden hinter sich herschleiften; verdächtige Fische mit langen Zähnen und Tintenfische, die sich in unbestimmt verschwommene Brautschleier zu wickeln schienen. Aber nun war die Hitze so groß geworden, daß sie den glänzenden Offizieren die Röcke aufknöpfte, und um selbst das gleiche tun zu können, erlaubte ihnen Leclerc, mit offenem Hemd zu erscheinen. In einer besonders drückenden Nacht verließ Pauline ihre Kabine, und in ein Negligé gehüllt legte sie sich auf dem Deck nieder, das man für ihren langen Mittagsschlaf reserviert hatte. Das Meer phosphoreszierte in seltsamen grünlichen Reflexen. Eine leichte

Kühle, von jedem Schwellen der Segel vermehrt, schien von den Sternen niederzusteigen. Beim Morgengrauen entdeckte der Wächter angenehm beunruhigt die Anwesenheit einer nackten Frau, die auf einem gefalteten Segel im Schutz des Besanmastes schlief. Da er glaubte, es handele sich um eine der Zofen, stand er schon im Begriff, sich an einem Tau zu ihr niederzulassen. Aber eine Bewegung der Schlafenden verriet, daß sie bald erwachen würde, und enthüllte ihm, daß er den Körper von Pauline Bonaparte betrachtete. Lachend wie ein Kind rieb sie sich, von dem morgendlichen Passatwind gekitzelt, die Augen, und da sie sich durch die Segel, die ihr das übrige Deck verbargen, vor etwaigen Blicken geschützt glaubte, leerte sie mehrere Eimer Süßwasser über ihre Schultern aus. Von dieser Nacht an schlief sie immer unter freiem Himmel, und ihre großzügige Sorglosigkeit war so vielen bekannt, daß sogar der trockene d'Esmenard, der den Auftrag hatte, die Abwehrpolizei für Santo Domingo zu organisieren, anfing, vor seinen Mannschaften mit offenen Augen zu träumen, und ihr zu Ehren die Galathee der Griechen heraufbeschwor.

Der Anblick der Capstadt und der nördlichen Ebene, mit ihren vom Dunst der Zuckerrohrplantagen verschleierten Bergen, entzückte Pauline, die die Liebesgeschichte von Paul und Virginie gelesen hatte und einen schönen kreolischen Kontertanz in seltsamem Rhythmus kannte, der in Paris in der Rue du Saumon mit dem Titel ›Der Inseltanz‹ erschienen war. In ihren Musselinröcken kam sie sich wie ein Paradiesvogel, wie ein Leierschwanz vor, sie entdeckte die Feinheit unbekannter Farnkräuter, das saftige Braun der Mispeln, die Größe von Blättern, die sich zu Fächern falten ließen. Nachts erzählte ihr Leclerc mit gerunzelter Stirn von Sklavenaufständen, von Schwierigkeiten mit den monarchistischen Plantagenbesitzern, von allen möglichen Drohungen. Da er größere Gefahren voraussah, hatte er ein Haus auf der Schildkröteninsel kaufen lassen. Pauline hörte ihm jedoch nicht sehr aufmerksam zu. Nach wie vor ließ sie sich von dem larmoyanten Roman von Joseph Lavallée, ›Ein Neger, wie es nicht viele Weiße gibt‹, zu Tränen rühren und genoß unbekümmert den Luxus, den Überfluß, den sie in ihrer an trockenen Feigen, Ziegenkäse und ranzigen Oliven allzu reichen Kindheit nicht gekannt hatte. Sie wohnte nicht weit von der Hauptpfarrkirche in einem weiträumigen weißen, von schattigen Gärten umgebenen Steinhaus. Sie hatte ein Schwimmbecken im Schutze der Tamarinden ausschachten und mit blauen Mosaiksteinen verkleiden lassen, in dem sie nackt badete. Anfangs ließ sie sich von ihren französischen Zofen massieren; aber eines Tages fiel ihr ein, daß eine Männerhand kräftiger und breiter sei, und sie sicherte sich die Dienste Solimans, eines früheren Badedieners, der nicht nur ihren Körper massierte, sondern sie auch mit Mandelcreme einrieb, überflüssige Haare entfernte und ihre Fußnägel polierte. Wenn sie sich von ihm baden ließ, verspürte Pauline ein boshaftes Vergnügen, im Wasser des Schwimmbeckens die harten Schenkel dieses Dieners zu streifen, von dem sie wußte, daß er von maßloser Begierde gequält wurde, und der sie immer von der Seite ansah mit der falschen Sanftmut eines sich vor der Peitsche duckenden Hundes. Sie pflegte ihn mit einem grünen Zweig zu schlagen, ohne ihm weh zu tun, und lachte über seine vorgetäuschten Schmerzensgrimassen. In Wahrheit war sie ihm dankbar für die verliebte Sorgfalt, die er an die Erhaltung ihrer Schönheit wandte. Daher erlaubte sie dem Neger manchmal, als Belohnung für einen schnell erfüllten Auftrag oder eine gut ausgeführte Botschaft, ihr, auf dem Boden kniend, die Beine zu küssen, eine Geste, die Bernardin de Saint-Pierre als Symbol der edlen Dankbarkeit einer einfachen Seele für großmütige Belehrungsversuche angesehen hätte.

Und so ging die Zeit dahin mit Ruhestunden und Gliederstrecken, und Pauline fühlte sich teils als Virginie, teils als Atala, obwohl sie manchmal, wenn Leclerc im Süden weilte, sich an dem jugendlichen Feuer irgendeines schönen Offiziers labte. Bis eines Nachmittags der französische Friseur, der ihr mit vier schwarzen Gehilfen die Haare richtete, in ihrer Gegenwart zu Boden stürzte und halbgeronnenes, stinkendes Blut erbrach. Durch den tropischen Zaubertraum Pauline Bonapartes im silbergetupften Mieder begann ein grauenhafter Spielverderber zu schwirren.

VII *Heiliges Durcheinander*

Auf die dringenden Bitten Leclercs, der gerade durch einige von der Epidemie dezimierte Dörfer gekommen war, floh Pauline am nächsten Morgen auf die Schildkröteninsel, gefolgt von dem Neger Soliman und den mit Kleiderbündeln beladenen Kammerfrauen. Die ersten Tage vertrieb sie sich die Zeit damit, in einer sandigen Bucht zu baden und in den Memoiren des Wundarztes Alexander Oliver Oexmelin zu blättern, der so gut alle Gewohnheiten und Missetaten der amerikanischen Seeräuber und Freibeuter gekannt hatte, von deren unruhigem Leben auf der Insel noch die Ruinen einer häßlichen Festung zeugten. Sie lachte, wenn der Spiegel in ihrem Schlafgemach ihr zeigte, daß ihre von der Sonne gebräunte Haut wie die einer prächtigen Mulattin war. Aber diese Ruhe war nur von kurzer Dauer. Eines Abends landete Leclerc auf der Insel mit einem unheilverkündenden Schüttelfrost. Seine Augen waren gelb. Der Militärarzt, der ihn begleitete, ließ ihn starke Dosen Rhabarber einnehmen.

Pauline war außer sich vor Schrecken. In ihrer Erinnerung tauchten – sehr verwischt – Bilder von einer Choleraepidemie in Ajaccio wieder auf. Särge, die auf den Schultern schwarzer Männer aus den Häusern getragen wurden; schwarzverschleierte Witwen, die unter den Feigenbäumen jammerten; Töchter in schwarzen Kleidern, die sich in die Gräber ihrer Väter stürzen wollten und die man mit Gewalt aus den Friedhöfen zerren mußte. Plötzlich hatte sie wieder das beängstigende Gefühl des Eingeschlossenseins, wie sie es oft in ihrer Kindheit verspürt hatte. Die Schildkröteninsel mit ihrem ausgetrockneten Boden, ihren rötlichen Klippen, ihren Brachfeldern mit Kaktuspflanzen und Grillen, mit dem immer sichtbaren Meer ähnelte in solchen Augenblicken der Insel ihrer Geburt. Es gab keine Möglichkeit zu fliehen. Hinter der Tür ihres Hauses röchelte ein Mann, der so ungeschickt gewesen war, eingezwängt in die Gold- und Silberstickereien seiner Uniform den Tod mitzubringen. Von dem Mißerfolg der Ärzte überzeugt, hörte Pauline auf die Ratschläge Solimans, der Dämpfe aus Weihrauch, Indigo und Zitronenschale empfahl, dazu Gebete von außergewöhnlicher Kraft, wie die zu dem Großen Richter, zum heiligen Georg und zu Saint Trouble, dem Heiligen des Aufruhrs. Sie ließ die Türen des Hauses mit Duftpflanzen und Tabakabfällen waschen. Mit einer theatralischen und ein wenig bäuerlichen Inbrunst kniete sie vor dem Kruzifix aus dunklem Holz nieder und schrie mit dem Neger am Ende jedes Gebetes: »Malo, Presto, Pasto, Effaeio, Amen.« Im übrigen rührten solche Zaubereien, wie Nägel in Kreuzesform in den Stamm eines Zitronenbaums zu schlagen, in ihr den Atavismus alten korsischen Blutes auf, der der lebendigen Kosmogonie des Negers verwandter war als den Lügen des Direktoriums, unter dessen Unglauben sie zum Bewußtsein ihrer Existenz erwacht war. Jetzt bereute sie es, so oft die heiligen Dinge verspottet zu haben, um der Mode des Tages zu folgen. Leclercs Todeskampf vergrößerte ihre Furcht und ließ sie der Welt jener Mächte näherkommen, die Soliman mit seinen Beschwörungen anrief, der wirkliche Herr der Insel, der einzig mögliche Verteidiger gegen die Geißel des Anderen Ufers, wahrscheinlich der einzige Arzt unter so vielen nutzlosen Rezeptschreibern. Um zu verhindern, daß die bösartigen Keime das Wasser überquerten, ließ der Neger Schiffchen aus halben Kokosnußschalen, mit Bändern aus Paulines Nähkasten bewimpelt, darauf schwimmen, als Tribut an Aguasú, den Herrn des Meeres. Eines Morgens entdeckte sie das Modell eines Kriegsschiffes im Gepäck von Leclerc. Eilends trug sie es zum Strand, damit Soliman dieses Kunstwerk seinen Opfergaben beifügte. Mit allen Mitteln mußte man sich gegen die Krankheit wehren: Gelübde, Bußübungen, Bußhemden, Fasten, Gebete an jeden, der hören wollte, wenn auch zuweilen der böse Feind ihrer Kindheit sein behaartes Ohr hervorsteckte. Plötzlich fing Pauline an, auf absonderliche Art durchs Haus zu gehen; sie vermied es, die Füße auf die Verbindungsstellen der Fliesen zu setzen, denn diese – das war eine bekannte Sache – wurden nur auf Anstiften der gottlosen Freimaurer als Viereck geschnitten, weil sie wünschten, daß die Menschen zu jeder Tagesstunde das Kreuz mit Füßen treten sollten. Jetzt waren es keine duftenden Essenzen, kein frisches Pfefferminzwasser mehr, womit Soliman ihre Brust besprengte, sondern Salben aus Branntwein, zerstoßenen Samenkörnern, klebrigem Saft und Vogelblut. Eines Morgens entdeckten die französischen Kammerfrauen voller Entsetzen, daß der Neger in einem sonderbaren Tanz um Pauline kreiste, die mit aufgelöstem Haar am Boden kniete. Nackt, nur mit einem Gürtel bekleidet, von dem ein weißes Taschentuch als Schamtuch herabhing, und mit blauen und roten Halsbändern geschmückt, hüpfte Soliman wie ein Vogel und schwang dabei eine verrostete Machete. Beiden drang ein langgezogenes Stöhnen aus der Tiefe der Brust wie Hundegeheul in einer Mondnacht. Ein geschlachteter Hahn schlug noch mit den Flügeln auf einer Spur von Maiskörnern. Als der Neger entdeckte, daß eine der Dienerinnen diese Szene beobachtete, stieß er wütend mit einem Fußtritt die Tür zu. Am selben Abend hingen verschiedene Heiligenbilder mit dem Kopf nach unten von den Deckenbalken. Soliman trennte sich nicht mehr von Pauline; er schlief auf einem roten Teppich in ihrem Alkoven.

Der Tod von Leclerc, den das Gelbe Fieber hinweggerafft hatte, brachte Pauline an den Rand des Wahnsinns. Jetzt haßte sie die Tropen mit ihren geduldigen Geiern, die sich auf den Dächern der Häuser niederließen, sobald Todesschweiß einen Sterbenden bedeckte. Nachdem sie die Leiche ihres Gatten, in seine Galauniform gekleidet, in einen Sarg aus Zedernholz hatte legen lassen, schiffte sich Pauline in aller Hast, abgemagert, mit Schatten unter den Augen, die Brust mit Skapulieren bedeckt, an Bord der ›Switshure‹ ein. Aber bald begannen der Westwind, das Gefühl, daß Paris sich dem Schiffsbug näherte, die salzige Meeresluft, die an den Sarggriffen fraß, der jungen Witwe das Bußhemd auszuziehen. Und eines Nachmittags, als das stürmische Meer das Holz des Kieles wild knarren ließ, verfing sich ihr Trauerschleier in den Sporen eines jungen Offiziers, der den besonderen Auftrag hatte, den sterblichen Resten des Generals Leclerc das Ehrengeleit zu geben. In dem Reisekorb, der ihre zerknitterten Verkleidungen als Kreolin enthielt, reiste auch ein Amulett für Papa Legba, das Soliman hergestellt hatte und das dazu bestimmt war, Pauline Bonaparte alle Wege zu öffnen, die sie nach Rom führten.

Paulines Abreise gab das Zeichen zum Untergang aller Vernunft in der Kolonie. Unter dem Regime Rochambeaus ergaben sich die letzten Grundbesitzer aus dem Flachland, ohne Hoffnung, je wieder ihren früheren Wohlstand erreichen zu können, unaufhörlichen, schrankenlosen, wilden Orgien. Niemand sah auf die Uhr, und keiner ließ die Nacht aufhören, wenn es Tag geworden war. Der Wein mußte ausgetrunken, der Körper erschöpft, das Vergnügen beendet sein, ehe eine Katastrophe die Möglichkeiten des Genusses zunichte machte. Der Gouverneur tauschte seine Gunst gegen Frauen ein. Die Damen in Cap Français spotteten über die Anordnung des verstorbenen Leclerc, der bestimmt hatte, daß ›die weißen Frauen, die sich mit Negern prostituiert hätten, ungeachtet ihres Ranges nach Frankreich zurückgebracht würden‹. Viele Frauen ergaben sich der Tribadie und stellten sich auf den Bällen mit Mulattinnen zur Schau, die sie ihre Kokotten nannten. Die Töchter der Sklaven wurden noch in der Kindheit mißbraucht. Auf diesem Wege ging man sehr schnell zu Greueltaten über. An den Feiertagen ließ Rochambeau Neger von seinen Hunden verschlingen, und wenn die Reißzähne sich in Gegenwart so vieler prächtiger, in Seide gekleideter Leute nicht entschließen konnten, einen menschlichen Körper zu zerfleischen, wurde das Opfer mit einem Degen angestochen, um das Blut appetitanregend fließen zu lassen. Da der Gouverneur annahm, die Neger würden sich dadurch ruhig verhalten, hatte er Hunderte von Schäferhunden aus Kuba kommen lassen:

»On leur fera bouffer du noir!«

An dem Tag, als das Schiff, das Ti Noel gesehen hatte, auf der Reede des Caps ankerte, traf es mit einem anderen Segler zusammen, der von der Insel Martinique kam und mit Giftschlangen beladen war. Der General wollte sie in der Ebene aussetzen, damit sie die Bauern bissen, die in den abgelegenen Häusern lebten und den in die Wälder geflüchteten Negern Hilfe leisteten. Aber diese Schlangen, Geschöpfe von Damballah, starben, ohne Eier gelegt zu haben, und zu gleicher Zeit verschwanden die letzten Ansiedler des alten Regimes. Jetzt begünstigten die Großen Loas die schwarzen Waffen. Schlachten gewann, wer kriegerische Götter anrufen konnte. Ogún Badagrí befehligte die Angriffe mit blanken Waffen auf die letzten Verschanzungen der Göttin der Vernunft. Und wie bei allen Kämpfen, die es verdienen, im Gedächtnis bewahrt zu werden, weil einer die Sonne anhielt oder mit der Posaune Mauern umstürzte, so gab es auch in jenen Tagen Männer, die mit der nackten Brust die Rohrmündungen der Kanonen verschlossen, und Männer, welche die Kraft hatten, das Blei der Flinten von ihrem Körper abzuleiten. Damals war es, als auf den Feldern schwarze Geistliche auftauchten, ohne Tonsur noch Ordinierung, die sogenannten ›Savannenpatres‹. Ebensogut wie die französischen Priester wußten sie lateinische Sprüche über der Strohmatratze eines Sterbenden zu murmeln. Aber man verstand sie besser, denn wenn sie das Vaterunser oder das Ave-Maria hersagten, gaben sie dem Text Klang und Tonfall jener Gesänge, die alle kannten. Schließlich begann man auch gewisse Angelegenheiten von Lebenden und Toten unter sich abzumachen.

III

›Überall fanden sich goldene Königskronen; darunter waren einige so schwer, daß man sie kaum vom Boden aufheben konnte.‹

Karl Ritter, Zeuge der Plünderung von Sans-Souci

I *Die Zeichen*

Ein alter Neger, der aber noch fest auf seinen schuppigen, verunstalteten Füßen stand, ging von Bord des Schoners, der eben auf der Reede von Saint-Marc geankert hatte. Ganz in der Ferne, nach Norden zu, kaum dunkler als der blaue Himmel, zeichnete sich der Umriß eines bekannten Berges ab. Ohne lange zu zögern, ergriff Ti Noel einen dicken Pockholzstecken und verließ die Stadt.

Weit zurück lagen die Tage, da ein Grundbesitzer in Santiago ihn bei einer deftigen Partie ›Mus‹ von Monsieur Lenormand de Mézy gewonnen hatte, der kurz darauf im größten Elend gestorben war. Unter seinem kreolischen Herrn lernte er ein viel erträglicheres Leben kennen, als jenes, das früher die Franzosen in der Ebene ihren Sklaven auferlegt hatten. Und so sparte er Jahr um Jahr die Goldstücke, die ihm sein Herr als Weihnachtsgeschenk gab, und damit konnte er die Summe bezahlen, die der Kapitän eines Fischerbootes für einen Platz auf Deck von ihm forderte. Wenn auch von zwei Eisen gebrandmarkt, war Ti Noel ein freier Mann. Er schritt jetzt auf einem Boden, von dem die Sklaverei für immer verbannt war.

Am ersten Tage seines Fußmarsches erreichte Ti Noel die Ufer des Artibonite, wo er sich für die Nacht im Schutz eines Baumes ausstreckte. Bei Tagesgrauen machte er sich wieder auf und folgte einem Pfad, der sich zwischen wilden Weinstöcken und Bambusgebüsch hinzog. Die Männer, die Pferde in die Schwemme ritten, riefen ihm irgend etwas zu, was er nicht verstand, aber er antwortete ihnen auf seine Art. Außerdem war Ti Noel nie allein, auch wenn er allein war. Seit langem schon besaß er die Kunst, sich mit Stühlen, mit Kochtöpfen, auch mit einer Kuh, mit einer Gitarre oder seinem eigenen Schatten zu unterhalten. Hier waren die Menschen heiter. Aber nach einer Wegbiegung schienen Pflanzen und Bäume zu vertrocknen, sie wurden zu Skeletten von Pflanzen und Bäumen, auf einem Erdboden, der, eben noch rot und klumpig, jetzt wie in Kellerstaub verwandelt war. Man sah nicht mehr die hellen Friedhöfe mit ihren kleinen Grabmälern aus weißem Gips, diesen klassischen Tempelchen in der Größe von Hundehütten. Hier wurden die Toten am Wegrand verscharrt, in einer feindlichen, schweigenden, mit Kakteen und Akazien bedeckten Ebene. Manchmal verriet ein verlassenes Dach auf seinen vier Pfählen, daß seine Bewohner vor bösartigen Krankheiten geflohen waren. Alles, was hier wuchs, hatte Fäden, Stacheln, Dornen, Milchsäfte, um Schaden anzurichten. Die wenigen Männer, die Ti Noel hier antraf, antworteten nicht auf seinen Gruß, sondern gingen weiter und hielten die Augen auf den Boden gesenkt, wie ihre Hunde die Schnauzen. Plötzlich blieb der Neger tief atmend stehen. Ein erdrosseltes Zicklein hing an einem dornenbewehrten Baum. Der Boden hatte sich mit Warnzeichen bedeckt: drei Steine im Halbkreis mit einem zum Bogen geformten Zweig, der eine Tür vorstellte. Ein Stück weiter schaukelten mehrere schwarze Hähne, an einem Fuß angebunden, mit dem Kopf nach unten an einem fettigen Ast. Am Ende all dieser Zeichen stand ein besonders unheilvoller Baum, der Stamm mit schwarzen Stacheln gespickt, und ringsum Opfergaben auf dem Boden. Zwischen seinen verschlungenen, Rebhölzern ähnlichen gespaltenen Wurzeln steckten mehrere Krücken von Legba, dem Herrn der Wege.

Ti Noel fiel auf die Knie und dankte dem Himmel, daß er ihm die Freude gewährt hatte, in das Land des Großen Paktes zurückzukehren. Denn er wußte – alle französischen Neger in Santiago de Cuba wußten es –, daß der Sieg von Dessalines nur der furchtbaren Vorbereitung zu verdanken war, bei der Loco, Petro, Ogún Ferraille, Brise-Pimba, Caplaou-Pimba, Marinette Bois-Chèche und alle Gottheiten des Pulvers und des Feuers eingegriffen hatten und so fürchterlich ungestüm in die Männer gefahren waren, daß manche von den Zauberworten durch die Luft gewirbelt oder gegen den Boden geschleudert wurden. Danach hatte man Blut und Pulver, Weizenmehl und Kaffeestaub zusammengeknetet, um die Hefe zu bilden, die die Vorfahren wieder zum Leben erwecken konnte, während die geweihten Trommeln dröhnten und über einem Scheiterhaufen die Schwerter der Eingeweihten aneinanderschlugen. Im Taumel der Begeisterung hatte sich ein Erleuchteter auf die Schultern zweier Männer geschwungen, und wiehernd, zur Gestalt eines stampfenden Kentauren vereinigt, galoppierten sie abwärts dem Meere zu, das jenseits der Nacht, jenseits vieler Nächte, die Grenzen der Welt der Hohen Mächte bespülte.

II *Sans-Souci*

Nachdem er mehrere Tage marschiert war, begann Ti Noel gewisse Stellen wiederzuerkennen. Am Geschmack des Wassers stellte er fest, daß er oft, wenn auch weiter unten, in dem Bach gebadet hatte, der sich nach der Küste hin schlängelte. Er kam an der Höhle vorbei, in der Mackandal einst seine Giftpflanzen aufgeweicht hatte. Mit wachsender Ungeduld stieg er durch das enge Tal des Dondon hinab, bis er die Nordebene erreichte. Dann folgte er dem Meeresufer und machte sich auf den Weg nach der früheren Besitzung von Lenormand de Mézy.

An den drei Ceibabäumen, welche die Eckpunkte eines Dreiecks bildeten, erkannte er, daß er angelangt war. Aber nichts war übriggeblieben: keine Indigoküperei, keine Trockenplätze, keine Ställe, keine Räucherkammern; von dem Haus nur ein Kamin aus Ziegelsteinen, den alter, von Sonne und Schattenlosigkeit entstellter Efeu umrankte; von den Lagerhäusern ein paar in den Lehm eingesunkene Fliesen; von der Kapelle der eiserne Turmhahn. Hier und da standen noch Stücke vom Mauerwerk aufrecht, wie große, zerbrochene Lettern. Die Pinien, die Weinstöcke, die Bäume aus Europa waren verschwunden, und ebenso der Gemüsegarten, wo einst der Spargel seine weißen Spitzen gezeigt, das Herz der Artischocke sich gefüllt hatte, mitten im Duft von Minze und Majoran. Die ganze Plantage war zum Ödland geworden, nur von einem Weg durchzogen. Ti Noel setzte sich auf einen Eckstein des alten Hauses – jetzt ein Stein wie jeder andere für einen, der ohne Erinnerung war. Ti Noel unterhielt sich gerade mit den Ameisen, als ein unerwartetes Geräusch ihn den Kopf wenden ließ. In langgestrecktem Trab kamen mehrere Reiter in prächtigen Uniformen auf ihn zu, in blauen Dolmanen mit Schnüren, Stickereien und goldenen Fransen, galonierten Wildlederhosen, Husarenstiefeln und Tschakos mit hellblauen Federbüschen. Ti Noel, der an die einfachen spanischen Kolonialuniformen gewöhnt war, entdeckte plötzlich voller Staunen, daß die Männer seiner Rasse den Pomp des napoleonischen Stils zu einer Prachtentfaltung gesteigert hatten, wie sie selbst den Generalen des Korsen unbekannt geblieben war. Die Offiziere ritten an ihm vorbei, in eine goldene Staubwolke gehüllt, und entfernten sich in der Richtung nach Millot. Wie verzaubert folgte der Blick des Alten den Hufspuren ihrer Pferde auf dem Erdboden.

Als er aus einer Baumpflanzung herauskam, hatte er den Eindruck, einen üppigen Garten zu betreten. Der Grund und Boden, der die Ortschaft Millot umgab, war gepflegt wie der Gemüsegarten eines großen Landhauses, mit seinen rechtwinklig angelegten Bewässerungsgräben, mit seinen ausgedehnten, von jungen Pflanzen zartgrün bewachsenen Beeten. Viel Volk arbeitete auf diesen Feldern unter der Aufsicht peitschenbewehrter Soldaten, die von Zeit zu Zeit einen Kieselstein nach einem Faulenzer warfen. ›Gefangene‹, dachte Ti Noel, als er sah, daß die Aufseher Schwarze waren; aber auch die Arbeiter waren Schwarze. Das stand im Widerspruch zu gewissen Kenntnissen, die er in Santiago de Cuba erworben hatte, in den Nächten, in denen er einem Fest beim Rat der französischen Neger hatte beiwohnen dürfen. Jetzt war der Alte stehengeblieben, betroffen von dem unerwartetsten, überwältigendsten Schauspiel, das er je während seines langen Daseins erblickt hatte. Vor einem Hintergrund von Bergen, in die sich die violetten Rinnen tiefer Schluchten einkerbten, erhob sich auf dem hohen Sockel einer steinernen Freitreppe, gleichsam in der Luft schwebend, ein Schloß mit Bogenfenstern, ein rosafarbener Palast. Die langen Ziegeldächer zur einen Seite waren wohl die Nebengebäude, die Kasernen und Pferdeställe. Auf der anderen Seite ein runder Bau, von einer auf weißen Säulen ruhenden Kuppel gekrönt, aus dem mehrere Geistliche in Chorhemden heraustraten. Beim Näherkommen entdeckte Ti Noel Terrassen, Statuen, Arkaden, Gärten, Laubengänge, künstliche Bäche und Labyrinthe aus Buchsbaum. Am Fuße massiver Pfeiler, die eine große Sonne aus schwarzem Holz trugen, hielten zwei bronzene Löwen Wache.

Auf dem Ehrenhof kamen und gingen geschäftig weißuniformierte Militärs, junge Offiziere mit Zweispitzen, alle wie von Sternen funkelnd, mit Säbeln, die laut an ihre Schenkel schlugen. Durch ein offenes Fenster sah man ein Tanzorchester bei der Probe. Aus den Fenstern des Schlosses beugten sich Damen mit einem Kopfschmuck aus Federn, die üppige Brust noch gehoben durch die hochgegürtete Taille der modischen Kleider. In einem Hof wuschen zwei livrierte Kutscher mit dem Schwamm eine ungeheuer große, über und über vergoldete, mit Sonnenreliefs bedeckte Karosse. Als Ti Noel an dem runden Gebäude vorüberging, aus dem die Geistlichen herausgetreten waren, sah er, daß es eine Kirche war. Sie war voller Behänge, Standarten und Baldachine, und darin stand eine hochragende Statue der Maria Immaculata.

Was aber Ti Noel am meisten erstaunte, war die Entdeckung, daß diese Wunderwelt, wie sie noch nicht einmal die französischen Gouverneure des Cap gekannt hatten, eine Welt von Schwarzen war. Denn schwarz waren diese schönen Damen mit dem strammen Gesäß, die jetzt um einen mit Tritonen geschmückten Brunnen Ringelreihen tanzten; schwarz jene zwei Minister in weißen Strümpfen, welche, die kalbslederne Mappe unterm Arm, die Freitreppe herabschritten; schwarz jener Koch mit dem Hermelinschweif an der Mütze, der ein Wild von den Schultern mehrerer von dem Oberjäger angeführter Bauern in Empfang nahm; schwarz jene Husaren, die in der Reitbahn trabten; schwarz der Obermundschenk mit der Silberkette um den Hals, der mit dem Großmeister der Falknerei der Probe schwarzer Schauspieler auf einer Parkbühne zusah; schwarz jene Lakaien mit weißer Perücke, deren vergoldete Knöpfe ein Majordomus in grüner Jacke zählte; schwarz endlich – und wie schwarz! – war die Maria Immaculata, die sich über dem Hauptaltar in der Kapelle erhob und den schwarzen Musikern, die ein ›Salve‹ übten, sanft zulächelte. Ti Noel begriff, daß er sich in Sans-Souci, der Lieblingsresidenz des Königs Henri Christophe, befand, jenes Mannes, der einst Koch in der Straße der Spanier, Besitzer des ›Gasthofs zur Krone‹ gewesen war und der heute Münzen mit seinen Initialen über der stolzen Devise prägen ließ: ›Gott, meine Sache und mein Schwert‹.

Der Alte bekam einen fürchterlichen Stockschlag in den Rücken. Ehe er protestieren konnte, führte ihn ein Wächter, mit Fußtritten in den Hintern, in eine der Kasernen ab. Ti Noel wurde in eine Zelle eingesperrt, und dort fing er an zu schreien, daß er Henri Christophe persönlich kenne, ja, er wisse sogar, daß er sich inzwischen mit Marie Louise Coidavid, der Nichte einer freigelassenen Spitzenklöpplerin, verheiratet habe, die häufig das Landgut von Lenormand de Mézy besuchte. Aber niemand achtete auf ihn. Am Nachmittag wurde er mit anderen Gefangenen an den Fuß des Berges ›Bischofsmütze‹ gebracht, wo große Haufen Baumaterial herumlagen. Man gab ihm einen Ziegelstein in die Hand:

»Bring ihn hinauf! Und hol dir dann einen anderen!«

»Ich bin schon sehr alt.«

Ti Noel wurde mit einem Knüttel auf den Kopf geschlagen. Ohne sich länger zu weigern, ging er hin, den steilen Berg zu ersteigen, mitten in einer langen Reihe von Kindern, schwarzen Mädchen, Frauen und Greisen, alle mit einem Ziegelstein in der Hand. Der Alte wandte den Blick nach Millot zurück.

In der Abenddämmerung war der Palast noch rosiger als vorher. Unter einer Büste von Pauline Bonaparte, die einst ihr Haus in Cap Français geschmückt hatte, spielten jetzt die Prinzessinnen Athénaïs und Améthyste, in fransenbesetzten Atlas gekleidet, mit ihren Reifen. Etwas entfernt davon las der Kaplan der Königin – der einzige mit heller Hautfarbe – dem Erbprinzen die ›Vitae parallelae‹ von Plutarch vor, unter den wohlgefälligen Blicken von Henri Christophe, der sich, von seinen Ministern gefolgt, in den Gärten der Königin erging. Zerstreut pflückte Seine Majestät im Vorübergehen eine eben erblühte Rose über einer Buchsbaumhecke, in die am Fuße der marmornen Allegorien die Umrisse einer Krone und eines Vogels Phönix geschnitten waren.

III *Das Stieropfer*

Der Gipfel der ›Bischofsmütze‹ war mit Gerüsten gespickt, und auf ihm erhob sich, ein Berg auf dem Berg, die Festung La Ferrière. Ein wunderbarer Brokat roter Pilze, glatt und tiefleuchtend, stieg an den Flanken des Hauptturmes empor, hatte die Mauervorsprünge und Widerlager überzogen und das Relief der Polypenstöcke auf den ockerfarbenen Mauern verstärkt. In diese Masse gebrannter Ziegelsteine, die sich so gigantisch über den Wolken erhob, daß ihr Anblick alles Gewohnte vergessen ließ, bohrten sich, in dichte Schatten gehüllt, Durchstiche, Schächte, Gänge und geheime Wege. Ein Licht wie in einem Aquarium, das, von den Farnkräutern hell- und dunkelgrün gefärbt, im Leeren zusammenfloß, glitt als feuchter Dunst aus Schießscharten und Luftlöchern. Infernalische Treppen verbanden drei Hauptbatterien mit der ›Kapelle der heiligen Barbara‹, der Pulverkammer der Artilleristen, den Küchen, den Zisternen, den Schmieden, der Gießerei, den unterirdischen Kerkern. In der Mitte des Waffenhofes schlachtete man täglich mehrere Stiere, um mit ihrem Blut den Mörtel anzumischen, der die Festung unverwundbar machen sollte. Nach dem Meere zu, in schwindelnder Höhe über dem Panorama der Ebene, weißten die Arbeiter schon die Räume der königlichen Wohnung, die Frauengemächer, die Speise- und Billardsäle. Zu den höchsten Terrassen wurden Steine und Ziegel auf luftigen Stegen geschafft, die, auf eingemauerte Karrenachsen gestützt, innen und außen die Abgründe überspannten, vor denen die Bauleute Schwindel ergriff. Ab und zu verschwand ein Neger im Leeren und riß einen Trog Mörtel mit sich. Im gleichen Augenblick trat ein anderer an seine Stelle, und keiner dachte mehr an den Abgestürzten. Hunderte von Menschen arbeiteten in den Eingeweiden dieses ungeheuren Baus, immer von Peitsche und Gewehr belauert, und vollendeten ein Werk, wie man es bis dahin nur in den architektonischen Phantasien eines Piranesi gesehen hatte.

Mit Stricken wurden die ersten Kanonen über die steilen Böschungen gehievt und auf Lafetten aus Zedernholz gesetzt, entlang den in ewigem Halbdunkel liegenden Gewölben, deren Schießscharten alle Pässe und Hohlwege des Landes beherrschten. Da standen ›Scipio‹, ›Hannibal‹, ›Hamilkar‹, aus einer blanken, fast goldenen Bronze, neben Geschützen, die aus der Zeit nach 89 stammten, mit der noch unvollständigen Devise ›Freiheit, Gleichheit‹. Auch eine spanische Kanone gab es da, auf deren Rücken die schwermütige Inschrift ›Treu aber unglücklich‹ zu lesen stand, und einige andere, von größerem Kaliber, mit reicher verziertem Rohr, zeigten den Prägestempel des Sonnenkönigs und verkündeten anmaßend die ›Ultima Ratio Regum‹.

Als Ti Noel seinen Ziegelstein am Fuß einer Mauer niedergelegt hatte, war es beinah Mitternacht. Trotzdem wurden die Bauarbeiten, beim Licht hellflackernder Feuer und Pechfackeln, fortgesetzt. Auf den Wegen schliefen Männer auf großen Steinblöcken, auf umgestürzten Kanonen, neben Maultieren, die allzuoft beim Aufstieg gefallen und sich die Knie wundgescheuert hatten. Vollkommen erschöpft, streckte sich der Alte in dem Graben unter der Zugbrücke aus. In der Morgendämmerung weckte ihn ein Peitschenhieb. Oben brüllten die Stiere, die beim ersten Tageslicht geschlachtet werden sollten. Neue Gerüste waren in die kalten Wolken hinaufgewachsen, ehe der ganze Berg sich mit Wiehern, Schreien, Hörnerrufen, Peitschenhieben und dem Knirschen der vom Tau getränkten Seile füllte. Ti Noel machte sich auf den Abstieg nach Millot, um einen neuen Backstein zu holen. Unterwegs konnte er beobachten, wie auf allen Seiten des Berges, auf allen Pfaden und Richtwegen, dichtgedrängte Reihen von Frauen, Kindern und Greisen emporstiegen, immer wieder mit einem Ziegelstein in der Hand, um ihn am Fuß der Festung niederzulegen, die wie ein Termitenbau mit diesen kleinsten Teilchen aus gebranntem Lehm errichtet wurde, welche ohne Unterlaß, in Sonnen- und Regenzeiten, von Weihnachten bis Weihnachten zu ihr hinaufgebracht wurden. Ti Noel hörte bald, daß dies schon mehr als zwölf Jahre dauerte und daß die ganze Bevölkerung des Nordens zwangsweise zusammengetrommelt worden war, um an diesem unwahrscheinlichen Bauwerk mitzuarbeiten. Alle Widerstandsversuche waren in Blut erstickt worden. Der Neger ging Schritt für Schritt, hinauf und hinab, und ihm kam der Gedanke, daß die Kammerorchester von Sans-Souci, der Glanz der Uniformen und die nackten weißen Statuen, die sich in der Sonne auf ihren mit Blumen und Blättern verzierten Sockeln zwischen den geschnittenen Buchsbaumhecken wärmten, aus einer noch hassenswerteren Sklaverei hervorgegangen seien als der, die er auf der Plantage von Monsieur Lenormand de Mézy kennengelernt hatte. Viel schlimmer noch, denn es lag ein unendliches Elend darin, von einem Schwarzen geschlagen zu werden, der so schwarz war wie man selber, so dicklippig und kraushaarig und mit der gleichen plattgedrückten Nase; der einem gleich war, der so niedrig geboren und vielleicht mit dem gleichen Eisen gebrandmarkt war wie man selber. Es war, als ob in der gleichen Familie die Kinder die Eltern, die Enkel die Großmutter, die Schwiegertöchter die Mutter schlügen, die für das Essen sorgte. Außerdem hatten sich in früheren Zeiten die Farmer wohl gehütet, ihre Sklaven zu töten – es sei denn, die Hand wäre ihnen ausgerutscht, denn der Tod eines Sklaven riß ein großes Loch in die Jagdtasche. Hier aber kostete der Tod eines Negers den Staatssäckel nichts: solange es gebärende Negerinnen gab – und die gab es immer und würde es immer geben –, konnte es nie an Arbeitern mangeln, die Ziegelsteine auf den Gipfel der ›Bischofsmütze‹ schleppten.

König Christophe kam häufig, gefolgt von seinen Offizieren zu Pferde, auf die Festung, um sich von den Fortschritten des Bauwerks zu überzeugen. Stumpfnäsig, sehr stark, mit einem vorgewölbten Brustkorb, das Kinn in den gestickten Kragen seines Waffenrocks gedrückt, durchstreifte der Monarch die Batterien, Schmieden und Werkstätten und ließ seine Sporen auf der Höhe der endlosen Treppen klirren. An seinem napoleonischen Zweispitz starrte das Vogelauge einer zweifarbigen Kokarde. Mit einer einfachen Bewegung seiner Reitgerte befahl er bisweilen den Tod eines beim Nichtstun überraschten Faulenzers oder die Hinrichtung von Arbeitsleuten, die nicht schnell genug einen Steinblock über eine abschüssige Steilwand hinaufbeförderten. Und zum Schluß ließ er sich immer einen Sessel auf die oberste Terrasse mit dem Blick auf das Meer stellen, am Rande des Abgrundes, der die Abgebrühtesten den Blick abwenden ließ. Frei von allem, über seinen eigenen Schatten erhoben, ermaß er dann die Ausdehnung seiner Macht. Wenn die Franzosen jemals versuchen sollten, die Insel wiederzuerobern, würde er, Henri Christophe – ›Gott, meine Sache und mein Schwert‹ – hier über den Wolken Widerstand leisten können, jahrelang, wenn es nötig sein sollte – mit seinem ganzen Hof, seinem Heer, seinen Kaplänen und Musikern, seinen afrikanischen Pagen und Hofnarren. Fünfzehntausend Menschen würden mit ihm innerhalb dieser Zyklopenmauern leben, und es würde ihnen an nichts mangeln. Mit aufgezogener Brücke an dem Großen Tor würde die Festung La Ferrière das Land selber sein mit seiner Unabhängigkeit, seinem Monarchen, seinen Finanzen und seinem Pomp. Unten in der Ebene würden die Neger vergessen, welche Leiden sie die Errichtung der Festung gekostet hatte: sie würden die Augen zu ihr erheben, die voller Mais, Pulver, Eisen und Gold war, und denken, daß dort oben, höher als der Vogel fliegt, wo das Leben der Tiefe mit Glokkengeläut und Hahnenschrei nur von weitem heraufdrang, ein König ihrer eigenen Rasse, nahe dem Himmel, der überall der gleiche war, darauf wartete, daß die Bronzehufe der zehntausend Pferde des Ogún donnerten. Nicht umsonst waren jene Türme gewachsen über dem ohrenzerreißenden Gebrüll der Stiere, die, geschlachtet, ausgeblutet, ihre Hoden der Sonne darboten, nicht umsonst hatten Baumeister die Festung errichtet, die sich des tiefen Sinnes des Opfers bewußt waren, obwohl sie den Unwissenden sagten, es handele sich nur um einen einfachen technischen Fortschritt im Festungsbau.

IV *Der Eingemauerte*

Als die Bauarbeiten an der Festung fast beendet und die Handwerker nötiger waren als die Steinträger, lockerte sich die Disziplin etwas, und wenn auch immer noch Mörser und Feldschlangen die hohen Klippen des Berges erklommen, konnten doch nun viele Frauen zu ihren Kochtöpfen zurückkehren, die inzwischen von grauen Spinnweben überzogen waren. Unter denen, die man gehen ließ, weil sie am wenigsten nützten, entwischte Ti Noel eines Morgens über den Abhang der ›Batterien der Königlichen Prinzessinnen‹, ohne noch einmal den Kopf nach der schon von ihren Gerüsten befreiten Festung zu wenden. Die Stämme, die jetzt auf Hebebäumen hinaufrollten, dienten nur noch dazu, die Böden der Wohnungen zu belegen. Aber Ti Noel interessierte nichts mehr von alledem. Er sehnte sich nur noch danach, auf den Grund und Boden von Lenormand de Mézy zurückzukehren, wie der Aal in den Schlamm, in dem er geboren wurde. An Ort und Stelle angelangt, fühlte er sich fast als Besitzer dieses Bodens, dessen Schicksalsschläge nur für ihn einen Sinn hatten, und er begann, da und dort mit seiner Machete zu arbeiten und etliche Ruinen freizulegen. Das Fällen zweier Akazienbäume brachte ein Stück Wand ans Licht. Unter den Blättern eines wilden Kürbisses kamen die blauen Kacheln des Speisezimmers der Farm zum Vorschein. Die halb eingestürzte Feuerstelle der früheren Küche überdachte er mit Palmenblättern, und so verschaffte sich der Neger eine Schlafstätte, in die er auf allen vieren kriechen mußte und die er mit Ähren des ›Indianerbartes‹ auspolsterte, um sich auf ihnen von den Schlägen zu erholen, die er auf den Pfaden der ›Bischofsmütze‹ empfangen hatte.

Hier überstand er die Winterstürme und die darauffolgende Regenzeit, und hier sah er, mit geschwollenem Bauch, weil er zuviel unreife Früchte, zuviel wässerige Mangos, gegessen hatte, den Sommer kommen, und noch immer wagte er sich kaum auf die Wege hinaus, aus Furcht vor den Leuten Christophes, die möglicherweise wieder auf der Suche nach Menschen waren, um irgendwo, vielleicht an den Ufern des Artibonite, einen neuen Palast zu bauen, von dem es schon hieß, daß er so viele Fenster erhalten sollte, wie das Jahr Tage zählt. Da inzwischen mehrere Monate ohne besondere Ereignisse verstrichen waren, unternahm Ti Noel, seines erbärmlichen Lebens müde, eine Reise nach der Capstadt. Er wanderte, ohne sich vom Meer zu entfernen, den nun überwachsenen Pfad entlang, auf dem er einst so oft zurückgekehrt war, hinter dem Herrn auf einem jungen zähnebleckenden Gaul reitend, einem jener Pferde, die mit dem Hufschlag eines stämmigen Cordobesers trabten und die am Hals noch die anmutigen Falten des Fohlens trugen. In der Stadt ist es schön. Da findet ein zweifingriger Ast immer allerhand, das sich in den Sack auf der Schulter stopfen läßt. In der Stadt sind immer Straßenmädchen, die ein gutes Herz haben und alten Leuten ein Almosen reichen; da sind Rummelplätze mit Musik, abgerichteten Tieren, sprechenden Puppen und mit Köchinnen, die sich mit denen vergnügen, die, statt von Hunger zu reden, auf den Branntwein zeigen. Ti Noel fühlte, wie eine große Kälte ihm durch Mark und Bein drang, und er sehnte sich nach den Flaschen jener Zeiten – im Keller der Farm –, den viereckigen aus dickem Glas, die voller Früchte und Beeren, in Alkohol eingelegter Brunnenkresse und anderer Kräuter waren und denen, wenn man sie öffnete, ein wonniger Duft entströmte.

Aber Ti Noel fand die ganze Stadt in Erwartung eines Todes. Es war, als ob alle Fenster und Türen an den Häusern, alle Jalousien, alle Ochsenaugen sich nach der Ecke des erzbischöflichen Palastes hinwendeten, so eindringlich erwartungsvoll, daß die Fassaden sich in menschliche Grimassen verwandelten. Die Dächer streckten ihre Gesimse vor, die Ecken ihre Ecksteine, und die Feuchtigkeit malte lauter Ohren auf die Mauern. An der Ecke des erzbischöflichen Palais war ein Zementviereck eben trocken geworden, das sich wie eine Mauer über die Mauer legte und nur ein Katzenloch als Öffnung hatte. Aus diesem Loch, das schwarz war wie ein zahnloser Mund, quoll plötzlich ein so entsetzliches Geheul, daß die ganze Bevölkerung erzitterte und die Kinder in den Häusern anfingen zu schluchzen. Wenn das geschah, griffen sich die schwangeren Frauen an den Leib, und die Vorübergehenden rannten fort und hörten nicht auf, sich zu bekreuzigen. Und dieses Heulen, die so sinnlosen Schreie an der Ecke des Palais schrillten weiter, bis die blutiggerissene Kehle sich in Flüchen, dunklen Drohungen, Prophezeiungen und Verwünschungen vollends zerfetzte. Danach war es nur noch ein Weinen, das aus der Tiefe der Brust drang, das Wimmern eines Wickelkindes in der Stimme eines Greises, und das war noch unerträglicher als alles Vorhergegangene. Schließlich wurde das Weinen zu einem dreimaligen Röcheln, das in einer langen asthmatischen Kadenz erstarb, bis es nur noch ein Atemzug war. Und das wiederholte sich Tag und Nacht an der Ecke des erzbischöflichen Palais. Niemand schlief mehr in der Capstadt. Niemand wagte es, durch die angrenzenden Straßen zu gehen. In den hintersten Räumen der Wohnungen wurde mit leiser Stimme gebetet. Keiner hätte auch nur gewagt, über das zu sprechen, was da geschah. Jener in seiner Hauskapelle im erzbischöflichen Palais eingemauerte Kapuziner war Corneille Breille, Herzog von Anse, Beichtvater Henri Christophes. Er war dazu verurteilt worden, hinter dieser Zementmauer zu sterben; sein einziges Vergehen war, daß er nach Frankreich hatte zurückkehren wollen, er, der alle Geheimnisse des Königs, alle Geheimnisse der Festung La Ferrière kannte, in deren rote Türme schon mehr als einmal der Blitz eingeschlagen war. Vergeblich flehte Königin Marie Louise und umschlang die gestiefelten Beine ihres Gemahls. Henri Christophe, der soeben Sankt Peter beschimpft hatte, weil er ein neues Gewitter über seiner Festung losgelassen hatte, dachte gar nicht daran, sich vor den unwirksamen Bannflüchen eines französischen Kapuziners zu fürchten. Auch hatte Sans-Souci, um jeden Zweifel auszuschließen, jetzt einen neuen Günstling: einen spanischen Kaplan mit breitem Hut, der ebenso geneigt war, alles geschehen zu lassen wie mit seiner schönen Baßstimme die Messe zu psalmodieren, und den alle ›Pater Juan de Dios‹ nannten. Des Rauchfleisches und der Kichererbsen der ungehobelten Spanier auf der östlichen Seite der Insel überdrüssig, fühlte sich der schlaue Mönch sehr wohl am Hof von Haiti, dessen Damen ihn mit kandierten Früchten und Weinen aus Portugal verwöhnten. Es ging das Gerücht, gewisse in Gegenwart von Henri Christophe nachlässig hingeworfene Sätze – eines Tages, als der König seine Windhunde darauf dressierte, den König von Frankreich anzufallen – hätten das furchtbare Unglück von Corneille Breille bewirkt. Nach einer Woche Gefangenschaft war die Stimme des eingemauerten Kapuziners kaum noch zu vernehmen und erstarb schließlich in einem mehr geahnten als gehörten Röcheln. Und dann herrschte Schweigen an der Ecke des erzbischöflichen Palais, eine allzu lange Stille in einer Stadt, die an die Stille nicht mehr gewöhnt war. Nur ein Neugeborenes, das von nichts wußte, wagte es, sie mit seinem Greinen zu unterbrechen, und brachte damit das Leben wieder in Gang, mit dem vertrauten Lärm der Straßenrufe, den lauten Begrüßungen und endlosen Verabschiedungen, mit dem Gevatterinnengeschwätz und den Liedern beim Aufhängen der Wäsche. Erst jetzt konnte Ti Noel etwas in seinen Sack stopfen und damit von einem betrunkenen Matrosen die nötigen Geldstücke ergattern, um fünf Glas Branntwein, eines nach dem anderen, zu trinken. Im Mondlicht torkelnd, schlug er den Rückweg ein und erinnerte sich dunkel eines Liedes aus alten Zeiten, das er immer sang, wenn er aus der Stadt zurückkehrte. Ein Lied, in dem einem König Grobheiten gesagt wurden. Das war die Hauptsache: *einem König*. Und so, während er Henri Christophe beschimpfte und in seiner Phantasie dessen Krone und Herkunft in den Schmutz zog, erschien ihm der Weg so kurz, daß er, als er sich auf sein Strohlager warf, sich schließlich fragte, ob er denn wirklich in der Capstadt gewesen sei.

V *Chronik des fünfzehnten August*

»Quasi palma exaltata sum in Cades, et quasi plantatio rosae in Jericho. Quasi oliva speciosa in campis, et quasi platanus exaltata sum juxta aquam in plateis. Sicut cinnamonum et balsamum aromatizans odorem dedi: quasi myrrha electa dedi suavitatem odoris.«

Ohne das Latein zu verstehen, das Juan de Dios González mit den eindrucksvollsten baritonalen Modulationen psalmodierte, entdeckte die Königin Marie Louise an jenem Morgen eine geheimnisvolle Übereinstimmung zwischen dem Geruch des Weihrauchs, dem Duft der Orangenbäume in einem nahen Hof und gewissen Worten der Liturgie, die auf bekannte Essenzen anspielten, deren Namen auf den Porzellantöpfen des Apothekers von Sans-Souci standen. Henri Christophe jedoch gelang es nicht, der Messe mit der wünschenswerten Aufmerksamkeit zu folgen; er fühlte seine Brust von einer unerklärlichen Unruhe bedrückt. Entgegen der Ansicht aller hatte er verlangt, daß die Messe zu Mariä Himmelfahrt in der Kirche von Limonade gefeiert würde, deren grauer, zartgeäderter Marmor angenehm kühl wirkte, so daß man etwas weniger unter den zugeknöpften Waffenröcken und dem Gewicht der Orden schwitzte. Aber hier fühlte der König sich von feindlichen Kräften umringt. Das Volk, das ihm bei seiner Ankunft zugejubelt hatte, steckte gewiß voll böser Absichten, denn hier auf dem fruchtbaren Boden wurde ihm täglich bewußt, wie viele Ernten es verloren hatte, während die Männer am Bau der Festung arbeiten mußten. Sicher war in irgendeinem abgelegenen Haus ein mit Stecknadeln durchbohrtes Bild von ihm oder eines, das auf unheilvolle Art aufgehängt war, mit einem Messer in der Herzgegend. Ganz in der Ferne hörte man von Zeit zu Zeit eine Trommel, die wahrscheinlich nicht zum Gebet um ein langes Leben für ihn gerührt wurde. Doch jetzt begann schon das Offertorium:

»Assumpta est Maria in caelum; gaudent Angeli, collaudantes benedicunt Dominum, alleluia!«

Plötzlich fing Juan de Dios González an, gegen die königlichen Sessel hin zurückzuweichen, wobei er ungeschickt über die drei Marmorstufen stolperte. Die Königin ließ den Rosenkranz fallen. Der König faßte mit der Hand nach dem Degengriff. Vor dem Altar, im Angesicht der Gläubigen, hatte sich ein anderer Geistlicher erhoben, wie aus der Luft geboren, und Schultern und Arme noch bruchstückhaft, noch nicht Stoff geworden.

Während das Gesicht Festigkeit und Ausdruck gewann, brach aus seinem lippenlosen, zahnlosen Mund, der schwarz war wie ein Katzenloch, eine entsetzenerregende Stimme, die das Kirchenschiff wie mit den Schwingungen aller Orgelregister erfüllte und die Fenster in ihren Bleifassungen zittern ließ. »Absolve, Domine, animas omnium fidelium defunctorum ab omni vinculo delictorum ...«

Der Name des Corneille Breille stieg Christophe in die Kehle und erstickte seine Stimme. Denn das war der eingemauerte Erzbischof, dessen Tod und beginnende Verwesung allen bekannt war. Dort stand er, inmitten des Hochaltars, mit seinen kirchlichen Prachtgewändern angetan, und verkündete das ›Dies irae‹. Als unter dem Donner eines dröhnenden Paukenschlags die Worte erklangen: »Coget omnes ante thronum«, stürzte Juan de Dios González ächzend zu Füßen der Königin nieder. Henri Christophe hielt sich mit aufgerissenen Augen bis zum ›Rex tremendae majestatis‹ aufrecht. In diesem Augenblick fiel ein Blitzstrahl, den nur er sah, auf den Kirchturm und spaltete alle Glocken zur gleichen Zeit. Die Singpulte, die Weihrauchgefäße, das Chorpult, die Kanzel waren zusammengebrochen. Gelähmt lag der König am Boden, die Augen starr auf die Dachbalken gerichtet. Aber jetzt hatte sich das Gespenst mit einem großen Sprung auf einen dieser Balken gesetzt, gerade so, daß Christophe es sehen mußte, und die wie Windmühlenflügel gespreizten Arme und Beine ließen sein Brokatgewand noch breiter und blutiger erscheinen. In Henri Christophes Ohren wuchs ein Brausen, das ebensogut das seines eigenen Blutes wie das der Trommeln sein konnte, die in den Bergen geschlagen wurden. Auf den Armen seiner Offiziere wurde der König aus der Kirche getragen; unbestimmte Verwünschungen preßte er zwischen den Zähnen hervor und drohte allen Einwohnern von Limonade den Tod an, sobald die Hähne krähten. Während Marie Louise und die Prinzessinnen ihm die erste Pflege angedeihen ließen, beeilten sich die Bauern, von der Raserei des Monarchen erschreckt, ihre Hühner und Hähne in Körben in der Nacht der tiefen Brunnen zu verstecken, damit ihnen Gackern und Krähen vergehen sollten. Unter einem Hagel von Stockschlägen wurden die Esel in die Wälder gescheucht. Die Pferde wurden geknebelt, damit ihr Wiehern nicht falsch gedeutet würde.

Am Nachmittag fuhr die schwere sechsspännige Königskarosse im Galopp in den Ehrenhof von Sans-Souci ein. Mit offenem Hemd wurde der König in seine Gemächer hinaufgetragen. Schwer wie ein Sack voller Ketten fiel er auf sein Bett. Seine Augen, die nur noch aus Hornhaut ohne Iris zu bestehen schienen, drückten eine aus dem tiefsten Innern aufsteigende Wut aus, weil er weder Arme noch Beine bewegen konnte. Die Ärzte gingen daran, seinen steifen Körper mit einer Mischung aus Branntwein, Schießpulver und rotem Pfeffer einzureiben. Überall im Palast schwängerten die Gerüche der Arzneien, Kräuteraufgüsse, Salze und Salben die laue Luft der Säle, die von Beamten und Höflingen überfüllt waren. Die Prinzessinnen Athénaïs und Améthyste weinten am Halse ihrer nordamerikanischen Erzieherin, in deren Kleidausschnitt ihre Tränen flossen. Die Königin kümmerte sich in diesen Augenblicken wenig um die Etikette und wachte, in einem Winkel des Vorzimmers kauernd, über dem Kochen eines Wurzelabsuds auf einem Holzkohlenöfchen, das mit dem Widerschein seiner echten Glut den Farben eines Wandgobelins – Venus in der Schmiede des Vulkan – eine seltsame Lebenswahrheit verlieh. Ihre Majestät verlangte nach einem Fächer, um das träge Feuer zu schüren.

Eine unheimliche Atmosphäre herrschte in diesem Halbdunkel von Schatten, die voller Ungeduld waren, alles einzuhüllen. Es war nicht endgültig festzustellen, ob wirklich auf den Bergen die Trommeln gerührt wurden, aber zuweilen wehte ein rhythmisches Geräusch von jenen Höhen herüber und vermischte sich unheilvoll mit dem Ave-Maria, das die Frauen im Ehrensaal beteten. In mehr als einer Brust weckte es uneingestandenen Widerhall.

VI *Ultima Ratio Regum*

Am nächsten Sonntag bei Sonnenuntergang hatte Henri Christophe das Gefühl, als ob seine Knie, seine Arme, wenn auch noch steif, doch einer großen Willensanstrengung gehorchen würden. Um aus dem Bett zu kommen, drehte er sich schwerfällig um und ließ seine Füße auf den Boden fallen, so daß er, wie in der Mitte durchgebrochen, mit dem halben Rücken auf dem Lager blieb. Sein Kammerdiener Soliman half ihm, sich aufzurichten. Der König konnte wie ein großer Automat mit abgemessenen Schritten zum Fenster gehen. Von dem Diener herbeigerufen, betraten die Königin und die Prinzessinnen das Zimmer und setzten sich in einen dunklen Winkel unter ein Reiterbildnis Seiner Majestät. Sie wußten, daß zu dieser Stunde in Haut-le-Cap zuviel getrunken wurde. An den Straßenecken standen große Kessel voll Suppe und geräuchertem Fleisch, von schwitzenden

Köchinnen angeboten, die mit Schaumlöffeln und Schöpfkellen auf die Tische trommelten. In einer engen Gasse voller Lachen und Geschrei tanzten die Festtagstücher.

Der König atmete die Abendluft ein, und das Gewicht, das seine Brust bedrückt hatte, wurde leichter. Schon kam die Nacht aus den Abhängen der Berge hervor und verwischte die Umrisse der Bäume und Irrgärten. Plötzlich sah Christophe, daß die Musiker der königlichen Kapelle den Ehrenhof überquerten, alle mit ihren Instrumenten beladen, die sie zu Mißgestalten ihres Berufes deformierten. Der Harfenspieler beugte sich wie bucklig unter dem Gewicht seiner Harfe; ein anderer, magerer, dem eine große Trommel von den Schultern hing, sah aus, als wäre er schwanger; ein dritter trug ein mächtiges Bombardon in den Armen. Den Beschluß bildete ein Zwerg, halb versteckt unter dem chinesischen Pavillon eines Schellenbaums, der bei jedem Schritt mit allen Glöckchen klingelte. Der König wollte sich gerade darüber wundern, daß zu dieser Stunde seine Musikanten nach den Bergen zogen, als wollten sie ein Konzert unter einem einsamen Ceibabaum geben, da wirbelten zu gleicher Zeit acht Militärtrommeln. Es war die Stunde der Wachablösung. Seine Majestät beobachtete sorgfältig seine Grenadiere, um sich zu vergewissern, daß sie auch während seiner Krankheit die strenge Disziplin wahrten, an die er sie gewöhnt hatte. Aber plötzlich hob sich die Hand des Monarchen mit einer Geste zorniger Überraschung. Mit einem Wechsel im Rhythmus hatten die Trommler den vorschriftsmäßigen Schlag geändert und in drei verschiedene Stöße zerlegt, und nun klopften sie nicht mehr mit den Schlegeln, sondern mit den Fäusten auf das Trommelfell.

»Sie trommeln den ›Manducuman‹«, schrie Christophe und warf den Zweispitz auf den Boden.

In diesem Augenblick löste sich die Wache aus Reih und Glied und überquerte in Unordnung den Ehrenhof. Die Offiziere liefen mit gezogenem Säbel. Aus den Fenstern der Kasernen kletterten Trauben von Männern, die Uniformjacken offen, die Hosen über den Stiefeln. Schüsse wurden in die Luft abgefeuert. Ein Fahnenträger zerriß die Kronen- und Delphinenstandarte des Regiments ›Kronprinz‹. Inmitten der Verwirrung entfernte sich in gestrecktem Galopp ein Trupp leichte Reiterei aus dem Palast, gefolgt von den Maultieren eines Proviantwagens voller Rüstzeug und Pferdegeschirr. Es war eine allgemeine wilde Flucht von Uniformen, unaufhörlich angestachelt durch die mit den Fäusten bearbeiteten Militärtrommeln.

Ein an Sumpffieber erkrankter Soldat, den die Meuterei überrascht hatte, schnallte sich den Kinnriemen seines Tschakos fest und verließ das Lazarett in ein Bettuch gehüllt. Als er unter Christophes Fenster vorbeikam, machte er eine unflätige Geste und entwischte in vollem Lauf. Danach breitete sich die Stille des Abends aus, nur unterbrochen von der fernen Klage eines Pfaus. Der König wandte den Kopf. Die Königin und die Prinzessinnen Athénaïs und Améthyste weinten in der Dunkelheit des Zimmers. Jetzt wußte man, warum an diesem Tage die Leute in Haut-le-Cap so viel getrunken hatten.

Christophe machte sich auf; Halt suchend an Geländern, Vorhängen und Stuhllehnen, durchstreifte er seinen Palast. Ohne die Höflinge, Lakaien und Wachen wirkten die Flure und Gemächer grauenhaft leer. Die Wände schienen noch höher zu sein, die Bodenfliesen noch breiter. Die Scheiben des Spiegelsaals gaben bis ins Unendliche nur die Gestalt des Königs wieder. Und dann dieses Summen, dieses Knistern, diese Heimchen im Holzwerk, die man vorher nie gehört hatte und die jetzt, zeitweilig aussetzend und sich unterbrechend, die tiefe Stille gleichsam skandierten. Allmählich schmolzen die Kerzen in den Leuchtern dahin. Im Sitzungssaal flatterte ein Nachtfalter im Kreise. Ein Insekt stieß gegen einen Goldrahmen und fiel zu Boden, hier, dort, mit dem unverkennbaren Aufschlag der harten Flügeldecken gewisser fliegender Käfer. Im großen Empfangssaal, dessen Fenster nach beiden Fronten hin offenstanden, hallte das Klappern von Christophes Absätzen wider und brachte ihm noch mehr zum Bewußtsein, wie vollkommen verlassen er war.

Auf einer Dienertreppe stieg er in die Küche hinunter, wo das Feuer unter den Pfannen ohne Fleisch erstarb. Am Boden, neben dem Anrichtetisch, standen verschiedene leere Weinflaschen. Vom Kamin waren die Knoblauchschnüre, die Reihen Dion-Dion-Pilze, die zum Räuchern aufgehängten Schinken verschwunden. Der Palast war verödet, der mondlosen Nacht ausgeliefert und jedem, der sich seiner bemächtigen wollte, denn auch die Jagdhunde hatten sie mitgenommen. Henri Christophe kehrte in sein Stockwerk zurück. Die weiße Treppe erschien unheilverkündend kalt und schauerlich im Licht der brennenden Kronleuchter. Eine Fledermaus schlüpfte durch das Oberlicht der Rotunde herein und flatterte in wirrem Flug unter dem Altgold des Plafonds. Der König stützte sich auf das Geländer, er suchte die Festigkeit des Marmors.

Dort unten, auf der letzten Stufe der Ehrentreppe, saßen fünf junge

Schwarze und wandten ihm ihre angstvollen Gesichter zu. In diesem Augenblick fühlte Christophe, daß er sie liebte. Es waren die ›Königlichen Bonbons‹, Délivrance, Valentin, La Couronne, John, Bien-Aimé, die Afrikaner, die der König von einem Sklavenhändler gekauft hatte, um ihnen die Freiheit zu schenken und sie in dem anmutigen Pagenberuf ausbilden zu lassen. Christophe hatte sich immer am Rande der afrikanistischen Mystik der ersten Führer der Unabhängigkeit Haitis gehalten und zugleich danach getrachtet, seinem Hof einen europäischen Anstrich zu geben. Aber jetzt, da er sich allein sah, da alle seine Herzöge, Barone, Generäle und Minister ihn verraten hatten, waren diese fünf Afrikaner, diese fünf jungen Kongolesen, Fulas oder Mandingas, die einzigen, die ihm treu blieben, und, wie anhängliche Hunde mit dem Hinterteil auf dem kalten Marmor der Treppe sitzend, erwarteten sie eine ›Ultima Ratio Regum‹, die sich nun nicht mehr mit der Stimme der Kanone durchsetzen ließ. Christophe sah seine Pagen lange an; er machte eine liebevolle Geste, auf die sie mit einer bekümmerten Verbeugung antworteten, und betrat den Thronsaal.

Vor dem Baldachin, der sein Wappen zeigte, blieb er stehen. Zwei gekrönte Löwen hielten den Schild mit dem Bild des gekrönten Phönix unter der Devise ›Aus meiner Asche wurde ich wiedergeboren‹. Ein Spruchband in drapierten Falten trug die Inschrift ›Gott, meine Sache und mein Schwert‹. Christophe öffnete eine schwere Truhe, die unter den Fransen einer Samtdecke verborgen war. Er nahm eine Handvoll Silbermünzen mit seinen Initialen heraus. Dann warf er, eine nach der anderen, mehrere Kronen verschiedener Stärke aus massivem Gold auf den Boden. Eine davon erreichte die offene Tür und rollte die Treppe hinab, mit einem Lärm, der den ganzen Palast erfüllte. Der König setzte sich auf seinen Thron und sah zu, wie die gelben Kerzen eines Leuchters schmolzen. Mechanisch sagte er den Text her, der die öffentlichen Verlautbarungen seiner Regierung einleitete: »Ich, Henri, durch die Gnade Gottes und der Konstitution König von Haiti, Herrscher der Schildkröteninsel, der Île de la Gonave und anderer angrenzender Inseln, Vernichter der Tyrannei, Erneuerer und Wohltäter der Haitischen Nation, Schöpfer ihrer moralischen, politischen und kriegerischen Institutionen, erster gekrönter Monarch der Neuen Welt, Verteidiger des Glaubens, Gründer des Königlichen und Ritter-Ordens von Saint Henri, begrüße alle Anwesenden und Ankommenden ...« Plötzlich fiel Christophe die Festung La Ferrière ein, die er dort oben über den Wolken erbaut hatte.

Aber in diesem Augenblick füllte sich die Nacht mit Trommelschlägen. Sie riefen einander und antworteten sich von Berg zu Berg, stiegen den Strand hinauf, kamen aus den Höhlen hervor, liefen unter den Bäumen, durch Bergschlucht und Flußbett dahin, es wirbelten die Kongotrommeln, die Trommeln des Bouckman, die Trommeln des Großen Paktes, alle Trommeln des Wodu. Ringsumher wurde die Luft erschüttert, sie näherten sich Sans-Souci und schlossen es immer enger ein. Ein Horizont aus Donner, der sich immer mehr zusammenzog, ein Gewitter, das sich in diesem Augenblick auf den Thron ohne Herolde und Stabträger zuwälzte. Der König ging in seine Gemächer zurück und trat wieder ans Fenster. Schon brannten seine Meiereien, seine Bauernhöfe, seine Zuckerrohrpflanzungen. Jetzt lief das Feuer vor den Trommeln her, es sprang von Haus zu Haus, von Saatfeld zu Saatfeld. Eine große Flamme schlug aus dem Kornlager und schleuderte glimmende, halbverkohlte Holzplanken in den Fourrageschuppen. Der Nordwind wirbelte das brennende Stroh der Maisfelder auf und brachte es näher und näher. Glühende Asche fiel auf die Terrassen des Palastes.

Henri Christophe dachte wieder an die Festung. ›Ultima Ratio Regum‹. Aber diese Festung, die einzige ihrer Art in der Welt, war zu weiträumig für einen einsamen Mann, und der König hatte nie gedacht, daß er eines Tages allein sein könnte. Das Stierblut, das ihre dicken Mauern getrunken hatten, war ein unfehlbares Mittel gegen die Waffen der Weißen. Doch hatte sich dieses Blut nie gegen die Schwarzen gewandt, die, jetzt schon so nah, vor dem herannahenden Feuer die Mächte anriefen, denen man Blutopfer brachte.

Christophe, der Reformator, hatte das Wodu ignorieren und mit den Hieben seiner Reitpeitsche eine katholische Herrenkaste schaffen wollen. Jetzt wurde ihm klar, daß die wahren Verräter an seiner Sache in dieser Nacht Sankt Peter mit seinem Schlüssel, die Kapuziner des heiligen Franz und der schwarze Sankt Benedikt waren und die dunkelhäutige Jungfrau im blauen Mantel und die Evangelisten, deren Bücher er bei jeder Vereidigung hatte küssen lassen; alle Märtyrer, denen er Kerzen anzünden ließ, die dreizehn Goldmünzen enthielten. Nachdem er einen wütenden Blick auf die weiße Kuppel der Kapelle geworfen hatte – dieser Kapelle voller Bilder, die ihm den Rücken kehrten, voller Symbole, die zum Feind übergegangen waren –, verlangte der König frische Wäsche und Duftwässer. Er schickte die Prinzessinnen hinaus und legte sein kostbarstes Staatskleid an. Er schlang sich das breite zweifarbige Band um die Schulter, das Sinnbild seiner Machtergreifung, und knüpfte es an dem Degenknauf fest. Die Trommeln waren so nah, es schien, als dröhnten sie schon dort, hinter den Gittern des Ehrenhofes, am Fuße der großen steinernen Freitreppe. In diesem Augenblick entzündeten sich alle Fensterscheiben, alle Spiegel im Palast, ihre Einfassungen aus Kristall, das Kristall der Pokale und der Lüster, alle Ziergefäße und das Perlmutt der Konsolen. Die Flammen waren überall, ohne daß man wußte, welche von ihnen nur ein Widerschein der anderen waren. Alle Spiegel in Sans-Souci brannten zu gleicher Zeit. Der ganze Bau war in diesem kalten Feuer verschwunden, das in die Tiefe der Nacht glitt und aus jedem Mauergeviert eine Zisterne voll züngelnder Flammen machte.

Kaum war der Schuß zu hören – das Trommeldröhnen war schon zu nah. Christophe ließ die Waffe fallen und hob seine Hand an die offene Schläfe. Und so richtete sich der Körper noch einmal auf, wie im Begriff, einen Schritt zu tun, ehe er, mit dem Gesicht nach vorn, mit all seinen Orden, zu Boden stürzte. Die Pagen erschienen auf der Schwelle des Saales. Der König starb, das Antlitz in sein eigenes Blut getaucht.

VII *Das Große Tor*

Durch eine Hintertür, die auf die Berge führte, verließen die afrikanischen Pagen in höchster Eile den Palast. Auf den Schultern trugen sie einen ganz primitiv mit der Machete geglätteten Ast mit einer Hängematte daran, durch deren zerrissenen Stoff die Sporen des Monarchen zu sehen waren. Hinter ihnen, immer wieder den Kopf wendend, in der Dunkelheit über die Wurzeln der Flamboyants stolpernd, kamen die Prinzessinnen Athénaïs und Améthyste, mit den Sandalen ihrer Zofen an den Füßen, um besser gehen zu können, und die Königin, die ihre Schuhe weggeworfen hatte, da ein Absatz auf dem steinigen Wege gebrochen war. Soliman, der Kammerdiener des Königs, einst Pauline Bonapartes Masseur, beschloß den Rückzug mit umgehängtem Gewehr und einer Kerkermachete in der Hand. Je höher sie in das Waldesdunkel der Berge hinaufkamen, um so deutlicher sahen sie die Feuersbrunst in der Tiefe als eine dicht geschlossene Flammenwand, die aber schon anfing, an den Grenzen der Palastesplanaden haltzumachen. An einer Seite von Millot jedoch hatte das Feuer die Kleeballen der Pferdeställe ergriffen. Ganz in der Ferne hörte man ein Wiehern, das dem Heulen gefolterter großer Kinder glich, während eine ganze Bretterwand in einem Wirbel glühender Splitter zusammenfiel, aus denen ein rasend gewordenes Pferd mit versengter Mähne und erhobenem Schwanz entwich. Plötzlich rannten unzählige Lichter durch den Palast. Ein Tanz von Kienspänen ging von der Küche bis zu dem Dachboden, er glitt durch die offenen Fenster hinein, erklomm die oberen Geländer, lief über die Dachtraufen, als hätte ein unendlicher Schwarm von Glühwürmchen sich der oberen Stockwerke bemächtigt. Die Plünderung hatte begonnen. Die Pagen verlangsamten ihren Lauf, wohl wissend, daß die Meuterer sich eine gute Weile damit aufhalten würden. Soliman sicherte seine Flinte und nahm den Kolben unter die Achsel.

Bei Tagesgrauen gelangten die Flüchtlinge in die Nähe der Festung La Ferrière. Immer mühsamer wurde der Weg auf den steilen Hängen, auf deren Pfaden unzählige Kanonen lagen, die man nicht mehr auf ihre Lafetten hatte setzen können und die jetzt auf immer hier bleiben mußten, bis der Rost sie zerfressen hatte. Das Meer bei der Schildkröteninsel wurde hell, als die Ketten der Zugbrücke unheilverkündend auf den Steinen knirschten. Langsam öffneten sich die nägelbeschlagenen Flügel des Großen Tores. Und der Leichnam von Henri Christophe betrat seinen Escorial, mit den Stiefeln nach vorn, immer noch in die von den Pagen getragene Hängematte gewickelt. Immer schwerer wurde er, als er die inneren Treppen emporstieg und aus den künstlichen Höhlen kalte Tropfen auf ihn niederfielen. Die militärischen Weckrufe durchbrachen die Morgendämmerung und antworteten einander von allen Enden der Festung. Über und über mit roten Pilzen bedeckt, noch von der Nacht erfüllt, tauchte die Zitadelle, blutrot in der Höhe, rostrot in der Tiefe, aus den grauen Rauchwolken auf, die aus den Bränden in der Ebene in so dichten Massen aufgestiegen waren.

Jetzt, in der Mitte des Waffenhofes, berichteten die Flüchtlinge dem Befehlshaber der Festung von ihrem großen Unglück. Bald sickerten die Neuigkeiten durch die Luftlöcher, Tunnels und Gänge bis in die Kammern und Nebengebäude. Nach und nach tauchten überall Soldaten auf und wurden von neuen, aus den Treppenhäusern hervorquellenden Uniformen vorwärtsgestoßen. Sie ließen die Batterien im Stich, sie stiegen von den Wachtürmen herab, ohne auf die Posten zu achten. Man hörte einen Jubelschrei vom Hof des Hauptturmes. Von ihren Wächtern befreit, krochen die Gefangenen aus ihren Kerkern hervor und kamen mit herausfordernder

Munterkeit an die Stelle, wo sich die königlichen Personen befanden. Mehr und mehr von dieser Menge bedrängt, die Pagen in zerknitterten Gewändern, die Königin barfuß, die Prinzessinnen von Soliman schüchtern gegen unverschämte Hände verteidigt, so zogen sie sich auf einen Haufen frischen Mörtels zurück, der für die Bauarbeiten bestimmt war und in dem die Maurer ihre Kellen steckengelassen hatten. Der Gouverneur, der sah, daß die Situation schwierig würde, gab den Befehl, den Hof zu räumen. Schallendes Gelächter war die Antwort. Ein Gefangener, so zerlumpt, daß ihm das Geschlecht zur Hose heraushing, deutete mit seinem Finger auf den Hals der Königin:

»Bei den Weißen schneidet man der Frau den Kopf ab, wenn ein Häuptling stirbt.«

Dem Gouverneur wurde klar, daß das Beispiel, das die Ideologen der Französischen Revolution vor dreißig Jahren gegeben hatten, in der Erinnerung seiner Leute fest verwurzelt war, und er hielt alles für verloren. Aber in diesem Augenblick veränderte das Gerücht, die Kompanie des Gardekorps sei abgezogen, und zwar die Bergabhänge hinunter, plötzlich das Bild der Ereignisse. Rennend drängten sich die Männer durch Treppen und Gänge, jeder bestrebt, das Große Tor der Festung zu erreichen. Springend, rutschend, fallend, rollend, so stürzten sie sich auf dem Bergpfad hinab, Abkürzungen suchend, um so bald wie möglich in Sans-Souci zu sein. Henri Christophes Heer war in alle Winde zerstoben. Zum ersten Mal lag das ungeheure Gebäude verlassen da, und in dem Schweigen seiner weiten Räume nahm es die düstere Feierlichkeit einer königlichen Grabstätte an.

Der Gouverneur öffnete eine Falte der Hängematte, um das Gesicht Seiner Majestät zu betrachten. Mit einem Degenhieb schnitt er dem Toten einen seiner kleinen Finger ab und gab ihn der Königin, die ihn in den Ausschnitt ihres Kleides gleiten ließ und fühlte, wie er gleich einem kalten Wurm zu ihrem Leib hinunterkroch. Dann, einem Befehl gehorchend, legten die Pagen den Leichnam auf den Mörtelhaufen, in den er langsam mit dem Rücken eintauchte, wie von klebrigen Händen gezogen. Die Leiche, die noch warm von den Dienern aufgenommen worden war, hatte sich beim Aufstieg etwas gebogen, und so verschwanden zuerst der Leib und die Schenkel. Arme und Stiefel schwammen noch, wie unentschlossen, auf der grauen, zähflüssigen Masse. Dann war nur noch das Gesicht zu sehen, gestützt von dem Zweispitz, der von Ohr zu Ohr ging. Besorgt, daß der Mörtel hart werden könnte, ehe auch der Kopf ganz eingetaucht sei, legte der Gouverneur seine Hand auf die Stirn des Königs, als wollte er einem Kranken die Temperatur messen, und drückte ihn schneller hinein. Endlich schloß sich der Mörtel über Henri Christophes Augen, der jetzt seine langsame Reise abwärts fortsetzte, in die Eingeweide einer feuchten Masse, die sich allmählich erhärtete.

Schließlich hielt der Leichnam auf seinem Wege an, er war eins geworden mit dem Stein, der ihn umschloß. Nachdem Henri Christophe seinen eigenen Tod gewählt hatte, würde sein Fleisch die Verwesung nicht kennenlernen, es hatte sich mit dem Baustoff der Festung verbunden und bildete einen Teil ihres mit Strebemauern umkleideten Körpers. Der ›Bischofsmützenberg‹ war zum Mausoleum des ersten Königs von Haiti geworden.

IV

›Grauen erregte mir
Jener Anblick, aber nachdem
Ich dieses hier sah,
Wächst noch mein Grauen.‹

Calderón

I *Die Nacht der Statuen*

Mit klingelnden Armbändern begleitete Mademoiselle Athénaïs auf einem neugekauften Klavier ihre Schwester Améthyste, deren etwas scharfe Stimme eine Arie aus dem ›Tancred‹ von Rossini mit schmachtenden Portamenti bereicherte. In einem weißen Hausgewand, ein Tuch nach der Mode von Haiti um die Stirn geknüpft, stickte die Königin Marie Louise eine Decke für das Kapuzinerkloster in Pisa und ärgerte sich dabei über eine Katze, die die Garnknäuel am Boden umherrollen ließ. Seit den tragischen Tagen der Hinrichtung des Dauphins Victor, nach der Einschiffung in Port-au-Prince, die ihnen englische Kaufleute, frühere Lieferanten der königlichen Familie, ermöglicht hatten, lernten die Fürstinnen jetzt zum erstenmal in Europa einen Sommer kennen, der ein wirklicher Sommer für sie war. Rom lebte mit offenen Türen unter einer Sonne, die auf allen Marmorquadern glitzerte und die Luft mit dem Gestank der Mönche und den Rufen der Mandelmilchverkäufer erfüllte. Die tausend Glocken der Urbs schlugen mit ungewohnter Trägheit unter einem wolkenlosen Himmel, der an den Januarhimmel über der Ebene gemahnte. Schwitzend und glücklich, sich endlich wieder der Hitze hingeben zu können, verbrachten Athénaïs und Améthyste, leicht bekleidet und barfuß auf den Steinplatten, ihre Tage damit, Würfel auf den Karton eines Gänsespiels zu werfen, Limonaden zu bereiten und den Notenschrank nach modernen Romanzen zu durchsuchen. Die Titelblätter der Noten waren in einem neuen Stil mit Lithographien geziert, die mitternächtliche Friedhöfe zeigten, Seen in Schottland, Sylphiden, die einen jungen Jägersmann umgaukelten, schwärmerische Mädchen, die einen Liebesbrief in einer hohlen Eiche hinterlegten.

Auch Soliman fühlte sich glücklich in diesem sommerlichen Rom. Sein Erscheinen in den volkreichen Gassen, die feucht waren von aufgehängter Wäsche, schmutzig von Kohlblättern, Fleischabfällen und Kaffeesatz, hatte einen wahren Aufruhr verursacht. Plötzlich hatten die blindesten Lazzaroni ihre Augen geöffnet, um den Neger besser betrachten zu können, und ihre Mandolinen und Drehorgeln im Stich gelassen. Andere Bettler fuchtelten wild mit ihren Arm- und Beinstummeln und stellten ihr ganzes Besitztum an Wunden und Elend zur Schau, für den Fall, daß es sich um einen Gesandten von jenseits des Meeres handelte. Kinder liefen ihm überallhin nach, nannten ihn König Balthasar und veranstalteten eine Straßenmusik mit Flöten und Judenharfen. In den Tavernen wurde ihm Wein gereicht. Wenn er an den Läden der Handwerker vorbeikam, liefen sie auf die Straße und boten ihm eine Tomate oder eine Handvoll Nüsse an. Es war schon lange her, daß sich ein echtes Negerprofil von einer Fassade des Flaminio Ponzio oder einem Portal des Antonio Labacco abgehoben hatte. Darum bat man ihn, seine Lebensgeschichte zu erzählen, eine Geschichte, die Soliman mit den größten, blumigsten Schwindeleien ausschmückte. Er machte sich zu einem Neffen von Henri Christophe, der wunderbarerweise der Schlächterei im Cap entronnen sei, in jener Nacht, als das Hinrichtungskommando einen der natürlichen Söhne des Monarchen mit dem Bajonett niedermachen mußte, da mehrere Salven ihn nicht umzulegen vermochten. Die Dummköpfe, die ihm zuhörten, hatten keine sehr genaue Vorstellung von dem Ort, wo sich diese Dinge zugetragen hatten. Einige dachten an Madagaskar, an Persien oder an das Berberland. Wenn er schwitzte, war immer jemand mit dem Taschentuch zur Hand, ihm die Backe abzuwischen, um zu sehen, ob er abfärbte. Eines Abends nahm man ihn zum Spaß in eines der engen, schlechtriechenden Theater mit, in denen Buffo-Opern aufgeführt wurden. Nach dem Schlußchor irgendeiner Geschichte von Italienern in Algerien wurde er auf die Bühne gedrängt. Sein unvorhergesehener Auftritt erregte im Parkett einen solchen Jubel, daß der Impresario der Truppe ihn aufforderte, diesen Einfall zu wiederholen, sooft er Lust habe. Um sein Glück vollzumachen, hatte er jetzt Liebesbande zu einer der Dienstmägde im Palazzo Borghese angeknüpft, einer strammen Piemonteserin, die sich nichts aus Weichlingen machte. Wenn es sehr heiß war, hielt Soliman einen langen Mittagsschlaf auf dem Gras des Forums, wo Lämmerherden weideten. Die Ruinen warfen einen angenehmen Schatten auf den üppigen Rasen, und wenn man die Erde aufkratzte, konnte man nicht selten ein marmornes Ohr, eine steinerne Verzierung oder eine rostige Münze finden. Manchmal wählte sich eine Straßendirne diesen Platz, um mit irgendeinem Seminaristen ihrem Beruf nachzugehen. Aber vor allem wurde er von wißbegierigen Leuten besucht – Geistlichen mit grünen Schirmen, Engländern mit schlanken Händen –, die vor einer geborstenen Säule in Ekstase gerieten und sich unleserliche Inschriften notierten. Beim Dunkelwerden stieg der Schwarze die Dienertreppe im Palazzo Borghese hinauf und machte sich daran, in Gesellschaft der Piemonteserin bauchige Rotweinflaschen zu entkorken. Übrigens herrschte die größte Unordnung in diesem Haus, dessen Besitzer abwesend waren. Die Laternen an den Portalen waren von Fliegen beschmutzt, alle Livreen fleckig, die Kutscher immer betrunken, der Lack an der Karosse abgesplittert, und man wußte, daß die Bibliothek so voller Spinnweben hing, daß seit Jahren keiner wagte, sie zu betreten, um nicht ein widerliches Gekrabbel im Nacken oder gar im Kleidausschnitt zu spüren. Wenn nicht in den oberen Räumen ein junger Abbé, ein Neffe des Fürsten, gewohnt hätte, würde sich die Dienerschaft in den Gemächern des ersten Stocks und in den Betten eingerichtet haben, in denen vormals Kardinäle geschlafen hatten.

Eines Nachts, als Soliman und die Piemonteserin wegen der späten Stunde in der Küche allein geblieben waren, wollte sich der Neger, der sehr betrunken war, weiter vorwagen als nur in die Dienerschaftsräume. Nachdem sie durch einen langen Korridor gegangen waren, gelangten sie in einen riesigen Hof, dessen Marmor im Mondlicht bläulich schimmerte. Zwei Kolonnaden übereinander faßten diesen Hof ein, und die Kapitäle ihrer Säulen warfen in halber Höhe ihre Schatten auf die Wände. Die Piemonteserin hob und senkte die Laterne, mit der man sonst durch die Straßen ging, und enthüllte Soliman eine Welt von Marmorstatuen, die eine der seitlichen Galerien bevölkerten. Es waren nackte Frauen, wenn sie auch fast alle Schleier trugen, die eine vermeintliche Brise gerade an die vom Anstand geforderte Stelle geweht hatte. Außerdem gab es da viele Tiere, einige dieser Damen bargen einen Schwan in ihrem Schoß, umarmten den Nakken eines Stieres, sprangen zwischen Windspielen herum oder flohen vor Männern mit zwei Hörnern und Bocksfüßen, die offenbar eine gewisse Verwandtschaft mit dem Teufel hatten. Es war eine ganze Welt, weiß, kalt, unbeweglich, aber beim Licht der Laterne belebten sich ihre Schatten und wuchsen, als ob alle diese Geschöpfe mit den blinden, leeren Augen, die blickten, ohne zu sehen, sich um die mitternächtlichen Besucher drehten. Mit der den Berauschten eigenen Gabe, schreckliche Dinge mit einem Seitenblick zu entdecken, glaubte Soliman zu bemerken, daß eine der Statuen ein wenig den Arm gesenkt habe. Etwas beunruhigt, zerrte er die Piemonteserin zu einer Treppe hin, die in die oberen Stockwerke führte. Jetzt waren es Gemälde, die aus der Wand hervorzutreten und lebendig zu werden schienen. Plötzlich hob ein lächelnder junger Mann einen Vorhang auf, ein mit Weinlaub gekrönter Jüngling, der eine lautlose Rohrpfeife an die Lippen führte oder seinen Mund mit dem Zeigefinger verschloß. Sie überquerten eine Galerie, mit Spiegeln geschmückt, auf deren Scheiben mit Ölfarbe Blumen gemalt waren, und die Dienerin öffnete, die Laterne senkend, mit einer verschmitzten Geste eine schmale Nußbaumtür.

Im Hintergrund des kleinen Kabinetts war nur eine einzige Statue, die einer vollkommen nackten Frau. Auf einem Lager hingestreckt, schien sie einen Apfel darzubieten. Vom Wein verwirrt, versuchte Soliman sich zusammenzunehmen und näherte sich mit unsicheren Schritten dem Marmorbild. Die Überraschung hatte seine Trunkenheit etwas gemindert. Er kannte dieses Gesicht, und auch den Körper: der ganze Körper weckte Erinnerungen in ihm. Ganz zart betastete er den Marmor – Geruch und Auge in den Fingerspitzen. Er wog die Brüste in den Händen. Mit der Handfläche strich er über den Leib mit einer kreisenden Bewegung, den kleinen Finger in der Vertiefung des Nabels. Wie um den Körper herumzudrehen, liebkoste er die feinen Vertiefungen des Rückgrats. Seine Finger suchten die Rundungen der Hüften, die Weichheit der Kniekehle, die Glätte der Brust. Diese Reise seiner Hände frischte seine Erinnerung auf und brachte ihm Bilder von weit her zurück. Einst hatte er diese Berührungen gekannt. Mit der gleichen Bewegung hatte er die Schmerzen dieses Knöchels gelindert, als er einmal verstaucht war. Die Materie war eine andere, aber die Formen waren dieselben. Jetzt erinnerte er sich an die angstvollen Nächte auf der Schildkröteninsel, als ein französischer General hinter der geschlossenen Tür im Todeskampf lag. Er erinnerte sich an die Frau, die sich den Kopf kraulen ließ, um einschlafen zu können. Und auf einmal – unter dem gebieterischen Zwang seiner Erinnerung – begann Soliman, die Handgriffe des Masseurs auszuüben. Er folgte dem Wege der Muskeln, dem Relief der Sehnen, er strich den Rücken von innen nach außen, prüfte die Brustgegend mit dem Daumen und beklopfte sie hier und da. Aber plötzlich strömte die Kälte des Marmors in seine Handgelenke und umklammerte sie wie mit Todeszangen. Mit einem Schrei hielt er inne. Der Wein drehte sich in seinem Kopf. Diese vom Laternenlicht gelb gefärbte Statue war ja der Leichnam von Pauline Bonaparte! Ein vor kurzem erstarrter Leichnam, vor kurzem erst der Bewegung und des Blickes beraubt – vielleicht wäre es noch Zeit, ihn wieder ins Leben zurückzuführen? Mit fürchterlicher Stimme, als sollte sie seine Brust zersprengen, begann der Neger, in der Weite des Palazzo Borghese, Rufe, gellende Rufe auszustoßen. Und so urtümlich wild wurde sein Aussehen, so heftig stampften seine Absätze den Boden – die darunterliegende Kapelle wurde zum Resonanzkörper einer Trommel –, daß die Piemonteserin, von Entsetzen gepeitscht, die Treppen hinunterfloh und Soliman mit der Venus von Canova allein ließ.

Der Hof füllte sich mit Öllämpchen und Laternen. Von der Stimme geweckt, die so grauenerregend im zweiten Stockwerk ertönte, kamen Lakaien und Kutscher aus ihren Kammern, im Hemd, die Hosen zuknöpfend. Der Türklopfer an der Einfahrt ließ sein Echo hören und öffnete den in Reihen eintretenden, von aufgestörten Nachbarn gefolgten Gendarmen den Weg. Als der Neger die Spiegel aufleuchten sah, drehte er sich jäh um: diese Lichter, das zusammengedrängte Volk auf dem Hof zwischen den weißen Marmorstatuen, die deutlichen Umrisse der Zweispitze, die hellgalonierten Uniformen, der kalt blitzende Bogen eines gezogenen Säbels – das erinnerte Soliman in einer Sekunde des Fieberschauers an die Todesnacht Henri Christophes. Mit einem Stuhl zertrümmerte er ein Fenster und sprang auf die Straße.

Die ersten Meßgänger sahen, wie er fieberzitternd – das Sumpffieber der Pontinischen Sümpfe hatte ihn gepackt – zu Papa Legba betete, er möge ihm den Rückweg nach Santo Domingo öffnen. Es schien ihm, als wäre er im Zustand der Entrückung auf den Gips eines Grabmals gesunken, wie es gewissen Erleuchteten dort drüben geschah, welche die Landleute zugleich fürchteten und verehrten, weil sie sich besser als jeder andere mit den Herren der Friedhöfe verstanden. Es nützte nichts, daß die Königin Marie Louise versuchte, ihn mit einem Aufguß von bitteren Kräutern zu beruhigen, die sie vom Cap über London als besondere Vergünstigung des Präsidenten Boyer erhalten hatte. Soliman fror. Ein unerwarteter Nebel überzog Roms Marmorwände mit Feuchtigkeit. Der Sommer trübte sich von Stunde zu Stunde. Um ihrem Diener Erleichterung zu verschaffen, ließen die Fürstinnen den Doktor Antommarchi holen, der auf Sankt Helena Napoleons Arzt gewesen war und dem große berufliche Verdienste, besonders als Homöopath, zugesprochen wurden. Aber die von ihm verordneten Pillen blieben in der Schachtel. Soliman kehrte allen den Rücken zu, er stöhnte gegen die Wand, die mit einer grün-gelben Blumentapete geschmückt war, und bemühte sich, auf irgendeinem schattigen Kreuzweg im fernen Dahomey einen Gott zu erreichen und ihn zu bitten:

»Papa Legba, l'ouvri barrié-a pou moin, agó yé,
Papa Legba, ouvri barrié-a pou moin, pou moin passé.«

II *Das Haus des Königs*

Ti Noel gehörte zu den ersten, die den Palast von Sans-Souci geplündert hatten. Von dort stammte die wunderliche Einrichtung in den Ruinen des einstigen Wohnsitzes von Lenormand de Mézy. Nach wie vor hatten sie kein Dach, da die zwei Stützpunkte fehlten, auf die man einen Balken oder einen langen Stab hätte legen können; aber die Machete des alten Mannes hatte wenigstens einzelne Steine freigelegt und somit Teile des Sockels, eine Fensterbrüstung, drei Stufen und ein Stück Mauer zutage gefördert, das noch, mit dem Backstein verbunden, das Gesims des alten normannischen Speisezimmers zeigte. In jener Nacht, als sich die Ebene mit Männern, Frauen und Kindern bevölkert hatte, die auf dem Kopf Pendülen, Stühle, Betthimmel, Kronleuchter, Betschemel, Lampen und Waschschüsseln forttrugen, war Ti Noel mehrere Male nach Sans-Souci zurückgekehrt. So stand jetzt ein Boulle-Tisch vor dem strohgedeckten Kamin, der ihm als Alkoven diente, und vor den Blicken der Welt verbarg er sich hinter einem Paravent aus Ebenholz mit nur noch undeutlich erkennbaren Figuren auf altgoldenem Grund. Ein ausgestopfter Mondfisch, ein Geschenk der Königlichen Gesellschaft der Wissenschaften in London an den Prinzen Victor, ruhte auf den letzten Fliesen eines von Gräsern und Wurzeln gesprengten Fußbodens neben einer Spieldose und einer bauchigen Flasche, deren dickes grünes Glas Blasen in allen Regenbogenfarben umschloß. Er hatte auch eine Puppe im Schäferinnenkostüm mitgenommen, einen Sessel mit einem Gobelinkissen und drei Bände der großen Enzyklopädie, auf denen er saß, wenn er Zuckerrohr kaute.

Aber am glücklichsten machte den Alten der Besitz eines Fracks von Henri Christophe aus grüner Seide mit Ärmelkrausen aus lachsfarbener Spitze. Zu jeder Stunde schmückte er sich damit, und er krönte noch die königliche Aufmachung mit einem Sombrero aus Strohgeflecht, den er wie einen Zweispitz flachgedrückt und gebogen hatte und an dem er täglich eine rote Blume als Kokarde befestigte. Nachmittags war er inmitten seiner unter freiem Himmel aufgebauten Möbel zu sehen, wie er mit der Puppe spielte, die ihre Augen auf- und zumachte, oder die Spieldose aufzog, die von Sonnenaufgang bis Sonnenuntergang denselben deutschen Ländler wiederholte. Jetzt redete Ti Noel ununterbrochen. Mitten auf den Wegen redete er und öffnete dabei weit die Arme, er sprach zu den Wäscherinnen, die mit nackten Brüsten an den sandigen Bächen knieten, er sprach zu den Kindern, die Ringelreihen tanzten. Aber vor allem redete er, wenn er sich an seinen Tisch setzte und einen Guavenzweig wie ein Zepter schwang. Verblaßte Erinnerungen kehrten in seinen Geist zurück an Geschichten, die der einarmige Mackandal vor so vielen Jahren erzählt hatte, daß er nicht mehr darauf kam, wann es gewesen war. In diesen Tagen wurde ihm mit Gewißheit klar, daß er einen Auftrag zu übernehmen habe, obwohl es keine Nachricht und kein Zeichen gab, die ihm die Art dieses Auftrags enthüllt hätten. Auf jeden Fall etwas Großes, würdig der Rechte, die einer erwirbt, der so lange Jahre in dieser Welt gelebt und vergeßliche Kinder verloren hat, die sich nur noch um ihre eigenen Kinder kümmern, sei es diesseits oder jenseits des Meeres. Im übrigen war es offenbar, daß große Zeiten bevorstanden. Wenn die Frauen ihn auf einem Wege auftauchen sahen, winkten sie zum Zeichen ihrer Verehrung mit hellen Tüchern, den Palmzweigen gleich, die eines Sonntags Jesus gefeiert hatten. Wenn er an einer Hütte vorbeikam, luden ihn die alten Frauen ein, sich zu setzen, und brachten ihm ein wenig ungefärbten Rum in einem Täßchen oder eine frischgewikkelte Zigarre.

Mit einem einzigen Trommelschlag war Ti Noel der Besitz des Königs von Angola zugefallen, und er hatte eine lange Rede voller Weissagungen und Versprechungen gehalten. Dann waren auf seinem Grund und Boden Herden geboren worden. Dieses junge Vieh, das zwischen den Ruinen herumsprang, war ohne Zweifel ein Geschenk seiner Untertanen. Bequem in seinen Sessel zurückgelehnt, mit halboffenem Frack, den Strohhut ins Gesicht gezogen, kratzte sich Ti Noel behaglich den nackten Bauch und erteilte dem Wind Befehle. Aber es waren Edikte einer friedlichen Regierung, deren Freiheit weder von einer weißen noch einer schwarzen Tyrannei bedroht war. Mit herrlichen Dingen füllte der Alte die Lücken zwischen den Mauerresten und ernannte irgendeinen Vorübergehenden zum Minister, irgendeinen Grasmäher zum General. Er verlieh Adelstitel, verschenkte Girlanden, segnete die kleinen Mädchen und teilte Blumen für geleistete Dienste aus. So waren der Orden des Bitteren Besens, der Orden des Weihnachtsgeschenks, der Orden des Stillen Ozeans und der Orden des Nachtgalans entstanden. Aber der begehrteste von allen war der Sonnenblumenorden, weil er so auffallend war. Da der halb gekachelte Raum, der ihm als Audienzsaal diente, sehr bequem zum Tanzen war, füllte sich sein Palast mit Landleuten, die ihre Bambushörner, ihre Chachas und Pauken mitbrachten. Brennende Kienspäne wurden in gespaltene Äste gesteckt, und Ti Noel, selbstzufriedener denn je in seinem grünen Frack, präsidierte dem Fest. Er saß zwischen einem Savannenpater, dem Vertreter der Kirche der entsprungenen Neger, und einem alten Veteranen, der zu denen gehörte, die den General Rochambeau in Vertières geschlagen hatten, und der für große Feierlichkeiten seine Felduniform aufbewahrte, deren Blau verblichen und deren Zinnober fraisefarben geworden waren von den vielen Regengüssen, die durchs Dach in sein Haus drangen.

III *Die Feldmesser*

Eines Morgens jedoch erschienen die Feldmesser. Man mußte diese Feldmesser bei ihrer Tätigkeit gesehen haben, um den Schrecken zu ermessen, den die Anwesenheit dieser Geschöpfe und ihre insektenartige Geschäftigkeit auslösten. Die Feldmesser waren von dem fernen Port-au-Prince gekommen, über die umwölkten Hügel in die Ebene herabgestiegen; es waren schweigsame Männer, mit sehr heller Haut, und – man mußte es zugeben – ziemlich normal gekleidet. Sie entrollten lange Bänder auf der Erde, stemmten Latten ein, spannten Reißschnüre, schauten durch Rohre und waren aus irgendwelchen Gründen mit Linealen und Winkelmaßen gespickt. Als Ti Noel sah, daß diese verdächtigen Personen in seinem Reich ein und aus gingen, sprach er energisch mit ihnen. Aber die Feldmesser kümmerten sich nicht um ihn. Unverschämt gingen sie von einer Stelle zur anderen, maßen alles aus und notierten sich die Dinge mit dicken Tischlerbleistiften in ihre grauen Hefte. Wütend merkte der Alte, daß sie französisch sprachen, diese Sprache, die ihm seit den Zeiten, da Monsieur Lenormand de Mézy ihn in Santiago de Cuba bei einer Partie ›Mus‹ verspielt hatte, längst entfallen war. Ti Noel schimpfte sie Hundesöhne und forderte sie auf, sich davonzumachen, wobei er so schrie, daß einer der Feldmesser ihn schließlich beim Nacken packte und ihn, mit einem kräftigen Stoß seines Lineals in den Bauch, aus dem Blickfeld seiner Linsen entfernte. Der Alte versteckte sich in seiner Kammer und streckte nur den Kopf hinter seinem Ebenholzparavent hervor, um Beleidigungen zu bellen. Aber am folgenden Tag, als er auf der Suche nach etwas Eßbarem durch die Ebene strich, entdeckte er, daß die Feldmesser überall waren und daß Mulatten zu Pferde, mit offenen Hemdkragen, seidenen Schärpen und Militärstiefeln, ausgedehnte Feld- und Abgrenzungsarbeiten leiteten, die von Hunderten bewachter Neger ausgeführt wurden. Viele Bauern verließen, auf ihren Eseln reitend, mit ihren Hühnern und Ferkeln, ihre Hütten, um in die Wälder zu flüchten, die Frauen schrien und weinten. Ti Noel erfuhr von einem Flüchtling, daß die Landarbeit abermals Pflicht geworden war und daß die Peitsche sich jetzt in den Händen der Republikanischen Mulatten befand, den neuen Herren der Nordebene.

Diese Zwangsarbeit hatte Mackandal nicht vorausgesehen. Auch nicht Bouckman, der Jamaikaner. Das mit den Mulatten war etwas Neues, daran hatte der von dem Marquis von Someruelos enthauptete José Antonio Aponte gewiß nicht gedacht, dessen Aufstand Ti Noel seit den Tagen der kubanischen Sklaverei bekannt war. Sicherlich hätte noch nicht einmal Henri Christophe vermutet, daß die Ländereien von Santo Domingo eines Tages diese Aristokratie mit ihrem verwässerten Blut, diese Kaste von Quarteronen, reich machen könnten, die sich jetzt der alten Plantagen, der Vorrechte und aller Ämter bemächtigte. Der Alte richtete seine müden Augen dorthin, wo die Festung La Ferrière lag. Aber sein Blick reichte nicht mehr so weit. Das Wort Henri Christophes war Stein geworden und weilte nicht mehr unter uns. Von seiner gewaltigen Persönlichkeit war nichts übriggeblieben als dort, in Rom, ein Finger, der in einem Flakon aus Bergkristall im Spiritus schwamm. Und um diesem Beispiel zu folgen, hatte die Königin Marie Louise, nachdem sie mit ihren Töchtern in Karlsbad gewesen war, in ihrem Testament verfügt, daß ihr rechter Fuß von den Kapuzinern in Pisa in einer dank ihrer frommen Freigebigkeit erbauten Kapelle in Alkohol aufbewahrt werden sollte. Trotz allen Nachdenkens sah Ti Noel keine Möglichkeit, seinen Untertanen, die sich von neuem unter der Peitsche krümmten, zu helfen. Der Alte begann zu verzweifeln angesichts dieser immer wieder von neuem geschmiedeten Ketten und Fesseln, dieser ewigen Fortzeugung des Elends, das die Resigniertesten schließlich hinnahmen als einen Beweis für die Vergeblichkeit jeglichen Widerstandes. Ti Noel fürchtete, trotz seines Alters zur Arbeit in den Ackerfurchen gezwungen zu werden. Und so drängte sich das Andenken Mackandals wieder in sein Gedächtnis. Da das Kleid des Menschen so viel Unglück mit sich brachte, war es besser, es eine Zeitlang abzulegen und die Ereignisse in der Ebene in einem weniger auffallenden Gewande zu verfolgen. Als er diesen Entschluß gefaßt hatte, wunderte sich Ti Noel, wie leicht es war, sich in ein Tier zu verwandeln, wenn man nur die Fähigkeit dazu besaß. Zur Probe kletterte er auf einen Baum mit dem festen Willen, ein Vogel zu sein, und sofort war er einer. Er betrachtete die Feldmesser von der Höhe seines Astes aus und bohrte den Schnabel in das violette Fruchtfleisch einer Jacquinie. Am nächsten Tag wollte er ein Eselhengst sein, und er wurde ein Eselhengst. Aber er mußte schleunigst vor einem Mulatten fliehen, der ein Lasso nach ihm warf, um ihn mit einem Küchenmesser zu kastrieren. Als Wespe wurde er bald der eintönigen Geometrie der Wachsbauten überdrüssig. Infolge eines verhängnisvollen Einfalls in eine Ameise verwandelt, war er gezwungen, ungeheure Lasten auf unendlichen Straßen zu tragen, unter der Aufsicht von Wächtern, die ihn allzusehr an die Vögte von Lenormand de Mézy, die Aufseher von Christophe und die jetzigen Mulatten erinnerten. Manchmal rissen die Hufe eines Pferdes eine Arbeiterkolonne auseinander und töteten Hunderte von Einzelwesen. War der Zwischenfall vorüber, ordneten die Anführer wieder die Reihen, wieder wurde der Weg vorgezeichnet, und alles ging weiter wie zuvor, in dem gleichen emsigen Kommen und Gehen.

Da Ti Noel nur verkleidet war und sich in keiner Weise mit der jeweiligen Tiergattung solidarisch fühlte, flüchtete er, wieder allein geblieben, unter seinen Tisch, um sich in dieser Nacht gegen einen hartnäckigen Regen zu schützen, der den Heudunst des nassen Espartograses von den Feldern aufsteigen ließ.

IV *Agnus Dei*

Der Tag versprach Hitze und tiefhängende Wolken. Kaum hatten die Spinnweben begonnen, das Wasser der Nacht abzuschütteln, als ein großer Aufruhr vom Himmel über Ti Noels Grund und Boden herniederbrach. Laufend, stolpernd, fallend erschienen die Gänse aus den früheren Geflügelhöfen von Sans-Souci. Sie waren der Plünderung entgangen, weil den Negern ihr Fleisch nicht schmeckte, und hatten die ganze Zeit über so, wie es ihnen selbst am besten behagte, in den Schluchten der Berge gelebt. Der Alte empfing sie mit freudigen Gebärden, er war glücklich über ihren Besuch, denn wie wenige kannte er die Klugheit und das fröhliche Wesen der Gans, da er das mustergültige Leben dieses Geflügels beobachtet hatte, als Monsieur Lenormand de Mézy vor vielen Jahren den wenig ergiebigen Versuch unternommen hatte, sie heimisch zu machen. Da sie für ein heißes Klima nicht geschaffen waren, legten die Weibchen nur alle zwei Jahre fünf Eier. Aber das gab Anlaß zu einer Reihe von Riten, deren Zeremoniell von Generation zu Generation überliefert wurde. An dem Ufer eines kleinen Gewässers fand die voraufgehende Hochzeit in Gegenwart der ganzen Sippe von Haus- und Wildgänsen statt. Ein junges Männchen verband sich seiner Gefährtin fürs Leben und begattete sie inmitten eines Chores von jubelndem Geschnatter, begleitet von einer Tanzliturgie aus Wendungen, Füßestampfen und Halsverdrehungen. Danach machte sich die ganze Sippe daran, das Nest zu bauen. Während des Brütens wurde die Vermählte von den Gänserichen behütet, die, obwohl sie das runde Auge unter den Flügel steckten, wachsam die Nächte verbrachten. Wenn eine Gefahr die ungeschickten, mit kanariengelbem Flaum bekleideten Küken bedrohte, griff der älteste Gänserich mit Brust und Schnabel sogar einen Hund, einen Reiter, einen rumpelnden Karren an. Die Gänse waren ordnungsliebende Leute, mit Grundsätzen und System, und ihre Lebensweise kannte keine Unterwerfung der Einzelwesen unter Einzelwesen der gleichen Gattung. Das Autoritätsprinzip verkörperte sich in dem obersten Gänserich und genügte vollkommen, die Ordnung innerhalb der Sippe aufrechtzuerhalten, genau in der Art des Königs oder Häuptlings der alten afrikanischen Ratsversammlungen. Seiner gefahrbringenden Metamorphosen müde, machte Ti Noel von seiner außergewöhnlichen Macht Gebrauch und verwandelte sich diesmal in einen Gänserich, um mit dem Geflügel, das sich in seinem Reich angesiedelt hatte, zusammenzuleben.

Als er jedoch seinen Platz in der Sippe einnehmen wollte, sah er sich von Schnäbeln mit gezahnten Rändern und Abstand gebietenden Hälsen befeindet. Sie hielten ihn abseits am Rand eines Fohlenstalles, und eine Mauer von weißen Federn erhob sich rund um die gleichgültigen Weibchen. Da versuchte Ti Noel sich zurückzuhalten, seine Anwesenheit nicht zu sehr aufzudrängen und alles gutzuheißen, was die anderen sagten. Aber er stieß nur auf Verachtung und Flügelzucken. Es nützte ihm nichts, daß er den Weibchen das Versteck einer Brunnenkresse mit sehr zarten Wurzeln verriet. Verdrießlich bewegten sich die grauen Schwänze, die gelben Augen blickten mit einem hochmütigen Mißtrauen, und die Augen auf der anderen Seite des Kopfes blickten nicht anders. Jetzt stellte sich die Sippe als eine aristokratische Gemeinschaft dar, die jedem Angehörigen einer anderen Kaste vollkommen verschlossen war. Der Groß-Gänserich von Sans-Souci hätte nicht den geringsten Verkehr mit dem Groß-Gänserich vom Dondon gewünscht. Hätten sie einander gegenübergestanden, wäre ein Krieg ausgebrochen. Und so begriff Ti Noel bald, daß er, und wenn er sich jahrelang bemühte, niemals auch nur den geringsten Zugang zu den Ämtern und Riten der Sippe erlangen würde. Man hatte ihm deutlich zu verstehen gegeben, daß es nicht genügte, eine Gans zu sein, um sich einzubilden, alle Gänse wären gleich. Kein bekannter Gänserich hatte an seinem, Ti Noels, Hochzeitstag gesungen oder getanzt. Niemand von den Lebenden hatte ihn zur Welt kommen sehen. Ohne den geringsten Beweis für die Reinheit seines Blutes hatte er versucht, sich in eine Sippe von vier Generationen nachweislich echter Schwimmhäuter hineinzudrängen. Kurzum, er war nichts weiter als ein Metöke.

Dunkel verstand Ti Noel, daß diese Ablehnung seitens der Gänse eine Strafe für seine Feigheit war. Mackandal hatte sich jahrelang in Tiere verwandelt, um den Menschen zu dienen, nicht, um aus der Welt der Menschen zu desertieren. In diesem Augenblick wieder Mensch geworden, hatte der Alte einen letzten hellen Gedanken. Einen Herzschlag lang erlebte er aufs neue die großen Stunden seines Lebens; wieder sah er die heldenhaften Männer vor sich, die ihm Kraft und Größe seiner fernen Vorfahren in Afrika offenbart und ihm den Glauben an Entwicklungsmöglichkeiten in der Zukunft gegeben hatten. Er fühlte sich so alt, als hätte er unzählige Jahrhunderte gelebt. Eine Weltallsmüdigkeit, wie die eines Planeten unter einer Last von Steinen, fiel auf seine von so viel Schlägen, Schweiß und Aufbegehren ausgemergelten Schultern. Ti Noel hatte sein Erbteil verbraucht, und obwohl er zum äußersten Elend, zur letzten Armut gelangt war, hinterließ er das gleiche einst empfangene Erbteil. Er war ein Körper abgelebten Fleisches. Und er verstand jetzt, daß der Mensch niemals weiß, für wen er leidet und hofft. Er leidet und hofft und arbeitet für Menschen, die er nie kennen wird und die ihrerseits für andere leiden und hoffen und arbeiten werden, ohne glücklich zu sein, denn der Mensch ersehnt immer ein Glück über das ihm gewährte Teil hinaus. Aber die Größe des Menschen liegt gerade darin, das Bestehende bessern zu wollen, sich Aufgaben zu stellen. Im Himmelreich ist keine Größe mehr zu erringen, dort hat alles seine festgesetzte Rangordnung, ein wolkenloses Unbekanntes, eine Existenz ohne Ende, keine Möglichkeit mehr, sich aufzuopfern, nur Ruhe und Seligkeit. Darum gelangt der Mensch – von seinem Leid und seinen Lebensaufgaben niedergedrückt, schön in seinem Elend, fähig zu lieben inmitten aller Plagen – zu seiner Größe, zu seinem höchsten Maß einzig und allein im *Reich von dieser Welt.*

Ti Noel kletterte auf seinen Boulle-Tisch und zerkratzte dabei die Intarsien mit seinen hornigen Füßen. In der Gegend der Capstadt wurde der Himmel schwarz wie vom Rauch einer Feuersbrunst. So war es in der Nacht gewesen, als alle Schneckenhörner auf den Bergen und an der Küste gesungen hatten. Der Alte schleuderte den neuen Gebietern seine Kriegserklärung entgegen und gab seinen Untertanen Befehl, zum Angriff auf die unverschämten Unternehmungen der besitzergreifenden Mulatten auszurücken. In diesem Augenblick erhob sich ein mächtiger grüner Wind vom Ozean her, stürzte sich auf die Nordebene und drang mit maßlosem Heulen in das Dondontal. Und während die geschlachteten Stiere auf dem Gipfel der ›Bischofsmütze‹ brüllten, wirbelten plötzlich der Sessel, der Paravent, die Bände der Enzyklopädie, die Spieldose, die Puppe, der Mondfisch durch die Luft, während die letzten Ruinen der einstigen Plantage zusammenbrachen. Alle Bäume legten sich, die Wipfel nach Süden gerichtet, zu Boden und streckten ihre Wurzeln aus der Erde heraus. Und während der ganzen Nacht zeichnete das Meer, zu Regen geworden, Salzstreifen auf die Flanken der Berge. Und von Stund an wußte keiner mehr etwas von Ti Noel noch von seinem grünen Frack mit den Ärmelkrausen aus lachsfarbener Spitze. Es sei denn vielleicht jener durchnäßte Geier, der, als Nutznießer jedes Todes, mit ausgebreiteten Flügeln die Sonne erwartete: ein Kreuz aus Federn, das sich schließlich faltete und seinen Flug in das Dickicht des Bois Caïman tauchte.